U0508046

陪读妈妈日志

郭群莉　著

南方出版社
·海口·

图书在版编目（CIP）数据

陪读妈妈日志 / 郭群莉著 . — 海口 : 南方出版社 , 2024.5
ISBN 978-7-5501-8954-6

Ⅰ . ①陪… Ⅱ . ①郭… Ⅲ . ①家庭教育 Ⅳ . ① G78

中国国家版本馆 CIP 数据核字 (2024) 第 075257 号

陪读妈妈日志
PEIDU MAMA RIZHI

郭群莉　著

责任编辑　姜朝阳
出版发行　南方出版社
地　　址　海南省海口市和平大道 70 号
邮　　编　570208
电　　话　0898-66160822
传　　真　0898-66160830
经　　销　全国新华书店
印　　刷　湖南省众鑫印务有限公司
版　　次　2024 年 5 月第 1 版
印　　次　2024 年 5 月第 1 次印刷
开　　本　880 mm × 1 230 mm　1/32
印　　张　6.5
字　　数　125 千字
定　　价　48.00 元

序：说说学习

我曾经是一名好学生（世俗意义上成绩好的学生），从小学到大学我一路凯歌。学业上的一帆风顺，曾让我认为学习是世界上最简单、最快乐的事情，只有努力与否的区别。直到我自己升级为妈妈，需要辅导孩子功课，督促他完成作业，管理他的学习，才突然感到困惑：学习怎么会这么痛苦呢？

我百思不得其解：为什么儿子在玩乐高时能够一两个小时沉浸其中，但一写作业，屁股上就像着了火一样，不是需要上厕所就是正在上厕所；为什么他在钻研各种飞机模型时俨然是一位专家，看过就能记住，还能绘声绘色地讲述给别人听，但一背英文单词就卡壳，脑子变得笨拙；为什么他出门旅游时能做出完美攻略，堪比专业导游，但一到学习上就失去了规划能力。儿子似乎分裂成了两个人：学习时是一个人，不学习时又是另一个人。更让我苦恼的是，妈妈也变成了两个妈妈：儿子学习时是个“巫婆”，儿子不学习时是个“好妈妈”。至今，我还记得，一年级的儿子用水彩笔在洗手间的镜子上写着“我 tao yan 妈妈”，字还不会写，“讨厌”的感受却很真实。怎么会这样?

网上说“不写作业，母慈子孝；一写作业，鸡飞狗跳”，我觉得很是形象却仍不够味。我的感觉是“学习是战场，同归于尽；成绩是战鼓，一敲即响；排名犹如原子弹，亲情到此即消散！”记得，儿子小学学习口算，每天的家庭作业就是50道算术题目，需要计时打卡，还要达到一定的准确率，目的是让孩子在规定的时间内又快又准地完成口算题目。由于儿子上小学是零起点，没有提前学习相关知识，所以从一年级起就是班里的尾巴学生。别的孩子在口算心算，我家儿子在手算脚算（数着手指头，不够脚来凑）。当我们辛辛苦苦完成口算作业的时候，别人家孩子却觉得那是小菜一碟。那个时候，儿子每天被作业折磨，还要承受妈妈监督作业时的怒火。我每天下班回到家已经一身疲惫，还要怀疑这个“笨儿子”是不是本主亲生。从那时起，儿子对数学产生了恐惧和厌恶，一到数学考试就本能地退缩。这种对数学的恐惧一直延续到了初中和高中。回想起来，我难辞其咎。如果能够重来一次，我可能就不会对儿子的算术问题产生那么多焦虑了，因为在十几年漫长的数学学习过程中，计算能力有无数个提高的契机，真的不急于在小学一二年级那个当下就追求完美。

然而，没有如果，更没有重来的机会。如今回想起来，只能说“捡了芝麻，丢了西瓜”，这种损失与伤害是不可逆的，而且也引发了连锁反应。儿子从此对数学产生了心理障碍，失去了自信和积极的心态，甚至失去了一部分对我这个妈妈的信任。当时看来，这样的代价似乎并不重要，如今看来却是过于沉重了。也许会有朋友说，如果在孩子入学前报个辅导班，让孩子提前学习语文、数学和英语，孩子在上学后就不会这么痛苦了。“赢在起点”“提前抢跑”，从小学甚至幼儿时期就开始卷起来，这是我们生活的大环境。那个当下，我的教育理念告诉我，这是不对的。然而，回首过去的十几年，今天的我却得出了不同的结论——没有绝对的对错，只有适合与否。

适合孩子的老师就是好老师，适合孩子的学校就是好学校，当然适合孩子的学习内容和学习方法就是有效学习的关键。什么是适合？朋友的女儿喜欢画画，不喜欢弹钢琴。然而她妈妈觉得，人家孩子都在学习乐器，于是她也给女儿选择了最普遍的一个——钢琴。可每次练琴都如同受难，去上课磨磨蹭蹭，在家练琴总是要妈妈督促，家里经常会因为练琴的问题引发“世界大战”。因此，适合首先是孩子要有兴趣，孩子对学习的内容有向往。无论是怎样的初衷，至少孩子不会对此产生排斥情绪才好。

另外一个朋友的儿子在小学和初中阶段一直表现优秀。因为他从小在补习班学习，一直以来都体验着“先行者”的优越感。然而到了初三，当大家都只是在复习，学校并没有讲授新的课程内容，他的优势就没有了。孩子上课不认真听讲、作业潦草、不重视学校老师布置的学习任务等不良学习习惯更是导致孩子在初三一年的学习过程中充满了无力感和挫败感。初三是一个将初中知识全面复习和融会贯通的过程。随着教学的推进，新知识变成旧知识，技能从不熟练到熟练，孩子举一反三的能力得以提升。孩子们在有规律的学习过程中，学会了学习，好的学习习惯和学习态度便成为了加速器。反观朋友的儿子，一直以来的补习造成了被动学习，沉浸于过往的成就感造成了务虚不务实的个性。出现问题时，他从来不认为自己的学习态度和学习习惯有问题，只会抱怨老师水平有限，或者是试题不严谨等等。最终，吃亏的是他自己，承担责任的也是他自己。补习有错吗？其实这不是一个单纯的对错问题，因为有的孩子确实靠着补习获得了提升。问题在于朋友的儿子不适合补习，或者说不适合“提前学习”。孩子学习浮躁、不踏实，他需要的是“学后补习”，查漏补缺，夯实基础，培养踏实的学习态度。因此，同样的学习方式对于不同的孩子会产生不同的学习效力。

进入高中生活后，孩子要不要住校？这是在我儿子选择是否住校时我们家激辩的一个话题。有人认为，高中生活孩子需要自理自立，同时也需要同伴交往。另一些人则认为，高中住校会让孩子一直生活在“被卷”的氛围里，得不到片刻的放松和舒缓，相比之下，回家可以有自己的空间和世界。“公说公有理，婆说婆有理”，是否住校并不取决于其利弊，而取决于你的孩子是否适合。儿子的同学一开始选择了住校，因为孩子想逃离父母的掌控与唠叨。住校生活给了他很大的便利，他可以在允许用手机的时候尽情玩手机，可以利用所有自由时间打篮球，但他却没有学会如何科学规划自己的学习时间。对他而言，写作业是晚自习的事情。如果晚自习写不完，那就想办法完成，只要能交差就行。在高一第二学期，父母决定带他回家走读，因为他们看到了住校的不理想结果。还有一位女生，她学习很努力，每天除了吃饭睡觉就是学习。她每天都感到压力很大，想放松一下的时候看到别人在刷题，想拼搏的时候看到别人在听歌。她不明白为什么别人可以听歌聊天来放松一下，而自己却不行？她更不明白为什么成绩好的同学都在努力，而自己总是想休息？女生每天都在自我矛盾和自我谴责中度过，年轻的脸庞失去光彩，长满青春痘。孩子的肩膀越来越低，精神越来越颓废，哭泣的时间越来越长，次数也越来越多。最终，女生被诊断为重度抑郁，被父母带回了家。因此，别人家的孩子适合并不意味着你的孩子也适合。很多家长的惯常思维是“为什么人家可以，你就不可以？！”事实的确如此，人家孩子可以，你的孩子就是不可以。只有接受了这个“不可以”，家长才能与孩子站在一起去寻找适合自己孩子的路径，让自己孩子享受“可以”的条条大路。

八年陪读，从小学五年级开始到高考结束，我与儿子一起探索适合他的路，一起总结适合他的学习方法，一起反思适合他的教育理念。适合孩子，不向外寻找，而向内探索。能够让孩子成为更好的自己，就是好的教育。能够让孩子拥有努力的方向和持续的内驱力就是对的教育。如果孩子的理想是成为一个很厉害的大厨，那么上不上大学不重要，去哪里学习，学习什么更重要；如果孩子的理想是从事音乐方面的工作，“音乐不能当饭吃”这句话对于孩子而言就是有毒的，是不能接受的。让一个喜欢在跑道上奔驰的孩子坐在教室里刷题，他是痛苦的；让一个喜欢沉浸在画画的世界里的孩子去钻研数理化，他也是煎熬的。因此，在当下社会普遍认同大学文凭的背景下，一些孩子的个性逐渐被抹杀，他们感到痛苦，找不到人生的方向，失去了学习的动力，甚至厌学逃学；家长陷入焦虑，亲子关系紧张。

怎么办？如何才能不那么焦虑？我的经历告诉我：看自己的孩子，不看别人家的孩子，更不去看成为社会热点的孩子。我的经验告诉我：每个孩子都可以是优秀的，但没有一个孩子是各方面都优秀的。找到自己孩子身上的闪光点，探索自己孩子的成长之路，就是父母对孩子最给力的教育。

本书主要从“纪实日志”和“反思支招”两个部分来真实记录我的陪读生涯。“纪实日志”免不了带有个人情感的色彩，曾经考虑过是否对其加以修饰，但最终还是放弃了这个念头，因为这些是那个时刻最真实的感受，记录着我这个不完美妈妈的心路历程。“反思支招”里有的是当时自己的成功地应对孩子成长的问题，有些确实就是“马后炮”。这些反思与修正同样也记录着我作为一个努力的妈妈的成长历程。努力做得称职、不留遗憾，也同样努力不再那么焦虑。长长的八年，又岂是短短十万字便可说得清道得明的？人生如同一条长河，又岂是短短八年就能说了算的？所以，当时的迷茫和焦虑并不足以印证未来，而那些反思和支招也许可以指引我们走向未来。

目　录

初中篇

我与儿子一起拼中考

写在前面的话：孩子，如果可以

儿子今年 14 岁了，正在读初二。现在，他是朋友口中常常提到的“别人家的孩子”，我自然也荣幸地成为别人羡慕的对象，真是母以子荣啊！

别人说，你儿子真帅！一米八二的个子，60 公斤的体重，两条大长腿，简直就是活脱脱的衣服架子。自然，为了不浪费这天赐的好身形，在着装打扮上更是注意了些。

别人说，你儿子多才多艺呀！架子鼓队队长，航模社社长，各种学校活动，各种比赛，该拿的奖都拿了，该留的名一个也不落下。做父母的，自然是满心欢喜。

别人说，你儿子学习真是努力呀！在班级中名列前茅，年级前十，“优秀少先队员”“优秀学生干部”“三好学生”，奖状一箩筐。在中国，在当下，也许这是最让父母欣慰的事情了吧。

别人说……

可是，我想说："孩子，你太苦了！"

"〇〇后"们虽然衣食无忧，却失去了撒野的快乐；他们虽然拥有更多的机会和资源，却要付出超常的努力，以巨大的时间消耗为代价。如果是我，我宁愿选择我们小时候贫困却快乐的童年，我宁愿虽然只有高考这一条路却只要自己足够努力即可。

看着孩子承受的苦楚，我真的很自责，很无奈！无数次，我面临的是无法选择的选择题：让儿子跟随社会大流，从小开始奔波于多门课程的辅导班，这被称为"赢在起点"；让儿子体验挫败与落差，从幼儿园开始，慢慢失去自信，失去机会，这被称为"输在起点"。"赢在起点"让我害怕，让我心疼，我不想这样！"输在起点"让我自责，让我焦虑，我也不愿意如此！可是，当我把孩子带来这个世界的时候，我完全没有预见这种两难的境地！

我想说，如果可以，我不想让儿子走进学校。有一段时间，我陷入了自我折磨到几近疯狂的状态，连带着孩子一起受伤。从出生开始，到儿子有记忆的时候，他每天看到的都是妈妈阳光般的笑容，每天听到的都是妈妈甜甜的呼唤声，每天都可以在妈妈的怀抱中撒娇耍赖。然而，从当了"学生"开始，儿子知道了妈妈还有凶神恶煞的一面，妈妈的吼叫声堪比猛兽，让他畏惧，让他颤抖！妈妈也会泪流满面，用失望的眼神看着他，妈妈的怀抱让他既想进入又想逃离。

我曾经妄想勇敢地把儿子从学校解放出来，因为我相信自己可以亲自教导他，不仅仅是书本知识的学习，我还要带儿子在大自然中学习，在社会中学习，让他在游戏玩乐中长大，让儿子有一技之长，精专到位，将兴趣爱好与职业合二为一。哪怕是需要学历，通过进修也完全可以获得，而且这个学历证书与他的人生匹配度更高。这不就是“条条大路通罗马”吗？想着想着，我自己都感到兴奋，仿佛找到了自己曾经所学知识的用武之地！然而，周围却充满了反对和声讨的声音，我理解他们的观点，也明白他们的担忧！他们应该是对的。在当下的社会环境中，这并不现实。

我想说，如果可以，我不想让儿子考第一。“第一名”似乎有魔咒，谁沾上了谁就有了心魔。而且它特别容易生根发芽，如果满足不了它，就会让你产生各种痛苦、烦恼，让你身心俱疲。可是它却披着一层华丽的外衣，附带着各种礼物，诱惑着孩子们。有一次，我跟老公开玩笑说，这就像赌博，会让你尝到一些甜头，然后你就会被控制住，向它靠拢的内驱力别提有多强大，十头牛也拉不回！慢慢地，我对“第一名”既爱又恨。它让我儿子自信满满的时候，我想向它顶礼膜拜；它让我儿子吃不下睡不着，还满脸长痘痘的时候，我恨不得用机关枪把它扫射成马蜂窝！焦虑随之而来，儿子焦虑，妈妈更焦虑。然后，我会一边给儿子疏导放松，一边自己偷偷地焦虑！看着镜子里的自己，白发悄无声息地爬上了头顶，肆意蔓延。我才明白，岁月催人老，竟是这样的缘由啊！

我有太多想说的话，说给我自己听，说给全天下的家长们听。

今天是 2019 年 3 月 28 日，儿子人生中的第一次月考刚刚结束。“月考”一词正式进入了我与儿子并肩作战的新历程！而我知道，接下来还会有“模拟考”“选拔考”“中考”“高考”等各种关卡，我与儿子不得不闯，内心再排斥，也得硬着头皮上！

孩子，如果可以，请勇往直前！天再黑，路再崎岖，妈妈都会陪你走向胜利！

第1章 第一次月考

【纪实日志】

“月考”一词是在初二的第二学期正式登上舞台的。以前所熟知的是周周测，即每周各门学科都会进行小测验、随堂考。但月考不同，它是集中在周三、周四、周五下午的正式考试，是对一段时间学习情况的集中检测。也就是说，从初二下学期开始，一个学期有四次大考：两次月考、一次期中考、一次期末考。四次大考能让老师和家长对孩子整个学期的学习状况有一个全面了解，我对儿子成绩的曲线图自然也就会有更多分析的角度。

也许是因为第一次经历月考，儿子很紧张，有压力；又或许是因为三、四月学校活动密集，儿子又是各项活动的积极分子，每天忙忙碌碌，在学习上的精力自然就减少了。人生中的第一次月考，儿子失利了，最悲伤的是在他最擅长的数学科目中失利了。因为这有史以来的数学最低分，儿子足足郁闷了一个星期。

面对孩子考试失利，家长一般会出现以下几种与孩子沟通的情形：

情景一：指责型沟通，只为了宣泄。

“现在后悔了，伤心了，早干吗了？活该！整天就知道忙一些乱七八糟的事情，都没时间好好复习，你不考砸谁考砸？有些活动不参加又能怎样？拒绝呀！老师又不会强迫你去参加的。那别人怎么都没去呢？今天这个结果，是你自己造成的，怪不得别人！”

这种沟通，妈妈的话就像连珠炮，越说越“有道理”，越说越来气！妈妈在训斥中自我排解！但我想，孩子会更加难过。他现在需要的是把这次失利消化掉，尽快恢复精气神，投入接下来的学习中。时间不等人，再一味地消沉下去，迎接孩子的会是下一场灾难！

情景二：过于理智型沟通，缺少情感。

讲讲道理，灌灌心灵鸡汤，让儿子振作起来。男子汉大丈夫，这点挫折算什么！不经历风雨，怎能见彩虹呢？常言道：“失败是成功之母”“吃一堑，长一智”。再讲几个著名人物的奋斗史，让儿子从成功人士身上汲取坚韧的精神。

作为一名老师，我最擅长的就是说教了。摆事实、讲道理，这是我的看家本领。我可以将古今中外的人物事例融会贯通地讲给儿子听，讲人生的意义，讲奋斗的价值，讲失败的积极内涵，甚至还可以从积极心理学的角度，进行认知修正。一种兴奋感油然而生，但还未到脑门，就被冷却了下去。这些道理我不是从小讲到现在了吗？我想我不讲，儿子也知道的吧。甚至有可能比我还会讲呢！如果这种方法有效，儿子也许就不会是现在这个状态了吧。摇摇头，告诉自己，不对！

情景三：先处理情绪，再处理事情。

月考失利这件事情的确需要好好反思，好好总结。但当前最重要的是处理儿子的消极情绪和消极感受。好吧，先从吃喝开始。买一些儿子爱吃的零食和缓解不良情绪的水果，做一些儿子喜欢的饭菜。然后就是运动。每天做完作业，带着儿子打羽毛球，与儿子聊天，专门聊儿子感兴趣的话题。最后，睡觉前放一些舒缓的音乐，促进睡眠。觉睡好了，情绪会好很多。

这样看起来是逃避了月考失利的话题，其实不然，这是在耐心等待契机。时间是疗伤良药，不是因为淡忘，而是因为覆盖。儿子在新的学习过程中，会获得新的成功点，哪怕是一次很小很小的成功，也足以重新点燃他的自信心。用儿子的话说："我只要再考一次试，就会从前面的痛苦中走出来。"当然，前提是下一次考试必须是成功的！我相信儿子有这个实力，但同时，我也必须做好心理准备，有备用方案。总之，儿子在前线"打仗"，我在后勤保障上做好充分准备。

最后，一次成功体验之后，或者是一次运动、一次短途旅行之后，都要适时切入考试失利这个话题。爸爸妈妈说说自己的失败经历，说说自己的想法和希望，不用怎么高大上，却可以让儿子感受到爸爸妈妈和他一样，失败只是成长的一部分。毕竟，今天的爸爸妈妈还是让他骄傲的，他的未来也会很精彩！

一次考试，对父母来说，就是一次考验，考验父母的耐心，考验父母的智商，考验父母沟通与共情的能力。成为父母是一个自然的过程，做好家长却是一个人为的过程。事在人为，如何为？并不简单！为人父母，需要谋定而后动，学会忍，甚至在超我的层面上有点追求！

天底下，有比“做父母”这项工作更难的吗？

【反思支招】考试失利，父母如何与孩子沟通？

父母与孩子的沟通是否有效，除了话语以外，表达方式以及肢体语言也会影响沟通的结果。以孩子考试失利为例，通常父母会如何与孩子沟通呢？

1. 指责型。“你怎么回事，老是考不好？”“你看看你考的这点分数，你丢不丢人呀！”“人家怎么就考得那么好呢？你还天天跟人家一起玩，好意思吗？！”我们会发现，“妈宝男”或者懦弱、无主见、不自信、遇事退缩的孩子背后往往有非常强势、习惯指责的家长。家长的语言和腔调具有攻击性，给孩子压迫感，在这种氛围下长大的孩子要么叛逆，要么软弱。

2．讨好型。“你是我最大的希望，我这辈子就指望你有出息了！”“你要好好学习，将来才能有个好工作，爸妈出门才有面子呀！”家长总是低姿态，小心翼翼，委曲求全。家长过分地让步，容易造成孩子过分地以自我为中心，不能从自身的角度去思考考试失利的原因。怨天尤人的归因模式不利于孩子的成长。

3．过于理智型。“你要好好反思，为什么会考这么低的分数？”“不努力就不会成功，你需要的就是更加努力，否则就会被淘汰。”“考不好是你的学习态度有问题，你好好反思一下！”家长一副“大法官”的姿态，对孩子进行审判。孩子考试失利，原本就很难过、失望，又无法从父母这里得到爱的联结，孩子会更加自闭，与父母距离越来越远。

4．打岔型。“噢，别想了，想吃啥？妈妈给你做好吃的。”“没考好呀？那你下次考好点就行了！”“你看看小花猫多可爱呀，懒洋洋地趴着，好惬意呀！”有的家长本身是回避问题的，顾左右而言他，不能理解孩子的感受，孩子也感受不到任何支持和帮助。

5．一致型。耐心倾听，尊重事实，也尊重孩子。当孩子考试失利，家长敢于面对问题，能够承受压力，稳定情绪，并引导孩子合理归因，帮助孩子一起想办法。

作为反思支招，建议从以下几个方面着手：

●家长首先调整好自己的状态，再帮助孩子摆脱负面情绪。

美国心理学家维吉尼亚·萨提亚发现，父母对于孩子技能的掌握一般都很有耐心，比如学走路、学说话等；但对于孩子管理情绪的学习，父母通常没有那么好的耐心，原因就在于父母总是企图避免和压抑这些情绪。当父母觉得孩子焦虑的时候，他们自己是焦虑的。当父母觉得孩子很无力的时候，其实父母自己有着强大的无力感。所以，面对孩子的负面情绪，家长首先要进行自我觉察和调整，再来帮助孩子平复情绪，解决问题。

●帮助孩子找回良好的感受。状态调整的基础是感受，帮助孩子走出消极状态，要从关注孩子的感受开始。父母要认可并接纳孩子的消极感受，引导孩子合理宣泄，不要急于把孩子拉回正轨。帮助孩子解决好感受的问题，才能接着解决孩子状态的问题。如“54321 感官对话技术”：用眼睛看一看，用双手摸一摸，用耳朵听一听，用鼻子闻一闻 ，用嘴巴尝一尝。吃喜欢吃的东西，听喜欢听的音乐，或者是极目远眺，欣赏绿植，等等，都可以平复心情，找回良好的感受。

●倾听孩子内心的真实想法。每一种情绪和感受的背后，其实都隐藏着孩子的某种需求。比如，孩子没考好，很沮丧或是有抱怨，家长往往都会急着去“纠偏”，通过带有翻旧账的训斥或严厉的惩罚去解决孩子思想上的问题，而忽视了孩子内心的需求——“我希望能考好，我希望此时父母能够给我一些鼓励和拥抱”。所以，认真倾听并鼓励孩子表达自己的感受，积极回应他们的情绪，待他们冷静下来，再与他们讨论。

●与孩子沟通时要保持平等和尊重的态度。孩子喜欢与同龄人交流，而不喜欢与父母交流，原因就在于同龄人间的谈话一般是不带有批评性的；而父母喜欢做判官，对孩子的想法和行为评判对错好坏。因此，聪明的父母不是简单地把答案告诉孩子，而是引导孩子学会多角度看问题，用发展性思维思考，如，“考试失利，对自己而言，收获了什么？”“如何看待失败的价值与意义？”“一次考试失利是否意味着自己不行？”“成绩不理想，是否意味着自己一无是处？”等等。这些诸多开放性话题，父母与孩子可以深入探讨，不仅可以调整情绪，还能够提升孩子的思维成熟度。

●避免过度介入。父母对孩子情绪的关注要适度，如果过分关注或过分敏感，反而会干扰孩子自我调节情绪，不利于培养独立性。父母对孩子相关行为的引导也要适度，避免强制与命令。很多家长是经验族，有很多提高学习成绩的宝贵经验，也有从别处用心借鉴来的经验。家长总是希望通过自己的帮助，提高孩子学习成绩，认为这样孩子的情绪自然会变好，其实不然。孩子的自信来源于“我行，我可以”，而不是“我父母行，我父母很厉害”。哪怕孩子通过自己的努力进步一点点，他也会收获自我效能感。这种自我效能感是根植于孩子内心的正能量，其威力在于厚积薄发。一旦父母过度介入，甚至越俎代庖，那么孩子只能变得习得性无助，越来越无力。

第 2 章　你越催，他越慢

【纪实日志】

今天看第六季《妈妈咪呀》，其中一个妈妈将脑瘫儿培养成了北大博士，孩子还继续在哈佛深造。看了屏幕上的介绍，我觉得这怎么可能？再听那位妈妈对自己和儿子奋斗经历的描述，又觉得世间真的没有什么不可能！

故事中的妈妈是一位退休教师，她的梦想是开一家家庭教育机构，她想向家长们传递一些经验，分享一些心得。这位妈妈在儿子刚生下来的几个小时里，遭受了儿子被宣布死亡的重创。但她坚信儿子不会就这样离开她，她不停地呼唤，与儿子说话。终于，儿子的一声啼哭，创造了奇迹，也给她带来了希望。不久之后，儿子再次被诊断为脑瘫儿，她又一次经历着巨大考验。她的丈夫因为她的坚持而离开了她，她为了给儿子治病，身兼数职。从3岁到6岁，不间断的治疗，再一次见证了奇迹。儿子会跳了，会握笔了，还可以上学了。这位妈妈说，她对儿子是很严厉的，也打过儿子，那都是在治疗过程中。但在学习上，妈妈真的是不曾严厉过。

让我最受启发的是这位教师妈妈说上小学前只是教会了儿子查字典这一件事情，之后学习就是儿子自己的事情了。哪怕老师布置让妈妈出题给孩子做的作业，她也是让孩子自己出题自己做。儿子回到家，告诉妈妈，她是班上两个被批评的学生妈妈之一。她是这样回应的："题目是你自己出的，也是你自己做的，错了怎么会要批评妈妈呢？再说，在妈妈这里，你就是100分。"无论儿子做什么，在妈妈这里都是100分。这是多么大的包容和接纳呀！也许，这就是今天让妈妈们集体焦虑的根源：孩子在妈妈的心目中是多少分呢？打分的依据又是什么呢？

曾经，我也是带着这样的"症结"，希望儿子好，甚至更好。其实，儿子的时间管理在同龄人里已经是不错的了。但我这个做妈妈的，总是要"鸡蛋里挑骨头"，总是盯着不完美的那部分，着急、焦虑、担忧！那个当下，真的是"恨铁不成钢"！

比如说，周六的早上，儿子按时起床，整理好床铺，去上厕所。因为外卖早餐迟到了，所以早上的时间安排有些延后。我也不知道气从何来，揪着儿子说："你没必要一定要等吃完早餐后再写作业呀！这样一直等着，不是浪费时间吗？"就听儿子不耐烦地说：“好了，厕所不上了，马上出来。整天就知道催，催，催！”儿子的抱怨，就像是点着了火药桶，我感觉自己马上就要爆炸了。好在我知道那么一点点教育知识，先处理情绪再处理事情。我走出家门，坐到小区长椅上，让自己静一静。

周六早上，天气晴朗，阳光洒在大地上，洒在水面上，也洒在嬉戏的孩子们身上。看着孩子们互相追逐的身影，听着他们爽朗的笑声，我想到了我的儿子。曾经他也是这般奔跑在阳光里，每天过着无忧无虑的生活，快乐赛神仙。如今这般苦楚，真是不知为了哪般？

我理解我自己，今天多吃苦是为了明天少吃苦，甚至不吃苦！我只是希望儿子能够抓紧时间，把事情做在前面，而不是往后拖延。我只是想告诉他关于时间管理的一些要点。

我也理解儿子，早饭都没吃，就做作业，也不是很合理。那么，从我的内心出发，我希望儿子怎么做呢？他只是上个厕所，又是什么引起我这番说教的呢？又或者，在我不自知的情况下，儿子又一次充当了我的炮灰？其实，我只是对老公不满（早餐订晚了！有不上心之嫌），又或者是对外卖员的不满。突然，联想到儿子小时候，当对老公有所不满又不想引发冲突的时候，我在隐忍，而儿子就很无辜地成了我炮轰的对象。想想那么小的孩子，那么可爱的儿子，只是一道算术题算错了，或者只是一个词语写错了，真的值得我如此大发雷霆吗？其中有多少成分是替父受过呢？

然后，我就开始自责，很委屈又很内疚。感觉教育儿子，自己很不称职，又无力又无助，种种负面情绪倾泻而出。然后，擦干眼泪，做几个深呼吸，整理好自己的情绪，回家！

进门的时候，家里静悄悄的。儿子在房间写作业，老公在打扫卫生。看到我回来，老公说早饭都凉了，热一热再吃。儿子出来说，他给我留了我最爱吃的汉堡。我顿时心里暖暖的，怎么就觉得自己那么作呢！有些无理取闹，有些庸人自扰。中午吃饭的时候，老公很疑惑地问我："早上你为什么生气呀？"我真的是一口气提不上来，憋死自己算了！

事情总是这样，如同一阵风刮过。但有些事情看似结束了，仍会留下痕迹。在家庭教育中，这些痕迹就是父母能够有所作为的地方。事情有好有坏，有对有错，但都可以发掘其中积极的成分，然后累积下来成为孩子成长的养分。

晚上睡觉前，与儿子聊天，聊到早上的这个小事故。儿子说："我有自己的时间计划，虽然早饭晚了，但我的任务完成了，没受影响啊，还在我可控范围之内的。"好吧！我总是说，让儿子自己掌控，却总免不了要监管，要指手画脚。名义上"让儿子更好"，其实就是不信任、不放手，不肯放松自己对儿子的控制。也许，全职妈妈最大的弊端就在这里。我放下了一切，拾起了儿子的学习和生活。我的存在感、价值感，甚至是成就感，都建立在了儿子这个载体上。我与儿子之间的关系已经不再是亲子关系那么简单，这里出现了利益交换——我为你付出，你要给我回报。不知不觉中，我对儿子的要求越来越高，期望越来越高，当儿子没有达到我的预期时，我会失望，会愤怒，会委屈。如同在工作岗位上，我的付出没有得到相应的结果，一样令人沮丧。不知从什么时候开始，儿子成了我的工作对象，他承载自己梦想的同时，还要肩负妈妈对未来的希冀，这不公平！

我是我，儿子只是我生活中的一部分。我先成为更好的我，再来引导孩子；而不是通过塑造孩子来呈现更好的我！儿子有儿子的生活轨迹，我不能肆意地改动，甚至强行扭转。因此，作为一个妈妈，我需要站在儿子的身后，把前方的路让给儿子，让他看见，让他思考。在他需要的时候给他鼓励，给他帮助。总有一天，我会跟不上儿子的脚步，但儿子会勇敢前行，因为他知道爸爸妈妈就在这同一条路上，朝着同一个方向前进，他随时可以找到我们。

【反思支招】孩子拖拖拉拉，毫无时间观念，该怎么办呢？

你是“直升机父母”吗？你听说过“直升机父母”吗？形象一点来说，父母就像直升机一样，整日盘旋在孩子的头顶，发出震耳欲聋的声音，搅动着周围的气息，影响着孩子的生活。“直升机父母”的特点是生活上全方位照顾孩子，学业上过度焦虑，人际交往上也会按照自己的理解对孩子指手画脚，越界干涉。“直升机父母”的掌控欲很强，父母的安全感也来自对孩子的掌控以及孩子的按部就班。

2014年美国有一项研究发现，那些被过度养育出来的大学生，对家庭生活更加不满意，抑郁水平也比其他人高，因为他们感到自己没有自由，同时也缺乏能力。所以，在光鲜的外衣之下，是孩子深深的自卑感和无力感。“直升机父母”的过分保护，使孩子失去自由成长的空间。真正聪明的家长，会适时放手，懂得“缓慢教育”，允许孩子试错并鼓励孩子探索自我成长。

“直升机父母”与孩子过度粘连，不仅不利于孩子发展真实自我，对父母也是一种禁锢。父母的成就感与价值感都嫁接到孩子身上，孩子背负着父母的期待和愿望，在重压之下身心健康会受到损害。同时，父母也会失去自我，生活完全围绕着孩子在打转。面对孩子的懵懂和无力，父母往往会失去成年人的理智，甚至是体面，变得歇斯底里、面目全非，自己都不认识自己，自己更无法认同自己。所以，父母与孩子需要拉开适当的距离，保持界限，保护孩子也保护家长。

那么，如何与孩子保持界限呢？在孩子出问题的时候，父母怎样介入才是明智的呢？举个例子，孩子拖拖拉拉，毫无时间观念，该怎么办呢？

首先，我们需要了解孩子究竟为什么会拖拖拉拉？加拿大卡尔加里大学的皮尔斯·斯蒂尔教授通过实验调查，总结了和拖延最密切相关的四个因素：缺乏自信、动力不足、自制力弱、缺乏时间观念。换言之，如果孩子相信自己能完成，对这个任

务感兴趣或者是认为完成这个任务有价值，而且能克制自己分心、不受干扰，有时间紧迫感，那么孩子就能克服拖延。根据不同的因素，孩子的拖延会呈现出不同的特征。家长需要对症下药，不能一概而论。

●有的孩子不到最后一刻不写作业，怎么逼迫都没用，这种叫期限性拖延；

●有的孩子会预设很多困难和障碍，因缺乏信心导致任务无法完成，这种叫自设障碍拖延症；

●有的孩子很容易分心，任务的进程总是被打断，这是信息时代常见的类型，叫分心拖延。

你的孩子属于哪种拖延呢？怎样才能让孩子不拖延呢？

1．调动孩子的主动性。心理学研究发现，人做事的动机和自主性关系很密切。越是自己喜欢、能自己做主的事情，越能调动人的积极性。所以，父母要学会放权。如果因为拖延没有完成学习任务，孩子自然会受到后果的惩戒。同样，孩子按时完成作业，剩余的时间可以自由支配，孩子就会体验到不拖延的乐趣，改正拖延的毛病。正所谓“越自由越自律”。

2．帮助孩子缓解情绪阻抗。有的任务客观上难度大，孩子有畏难情绪；有的任务涉及人为因素，家长处理不当会导致孩子产生逆反心理，孩子感觉不好就会本能地拒绝。因此，战胜拖延的关键就在于怎么调控这种情绪。家长要理解孩子的感受，通过共情给予情感上的支持。

3. 有效帮助孩子，分解任务，马上行动。家长可以通过学习，运用SMART[①]原则与孩子一起确定目标，制定计划，帮助孩子具体实施。分解任务，从简单的事情开始。孩子有了自信心和愉悦的感受，付出有收获，就能提高完成任务的效率。

4. 引导孩子学习时间管理的“四象限法则”。家长与孩子一起梳理“想做的”和“要做的”事情，然后画一张十字象限图，横轴是紧急性，纵轴是重要性。

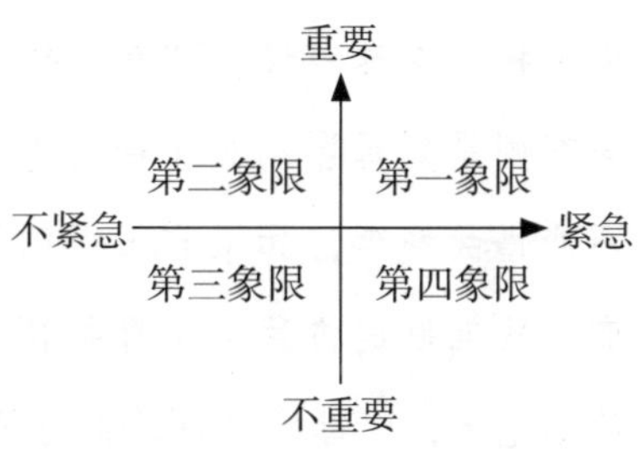

●第一象限：“重要又紧急”的事情，要立即去做。这类事情很急迫、有期限压力，无法回避，也不能拖延，必须首先处理好。因此这类事件要越少越好，如果有任务在这个象限，则可以鼓励孩子立即动手处理。

●第二象限：“重要不紧急”的事情，要有计划地去做。这些一般都是防患于未然的事情，做好了能长期受益。所以，

① SMART原则：SMART原则是项目管理的工具之一。S表示specific，具体的；M表示measurable，可衡量的；A表示attainable，能够达到的；R表示relevant，相关的；T表示time-bound，有时限的。

建议孩子分解目标，做好计划，先紧后松，有计划地去做好。如果拖延不做，它将会变成重要又紧急的事情。长此以往，孩子每天会被各种重要且紧急的事情拖着，压力陡增。

●第三象限："不重要也不紧急"的事情，尽量不做。这些大多是些琐碎的事情，非常消磨时间。要告诉孩子，尽量不做，更不能沉溺其中。

●第四象限："不重要但紧急"的事情，要少做或授权别人做。这些一般都是突发的事情，要懂得灵活处理，可以交给别人做，或者适当降低完成的标准，建议孩子不要投入太多精力。

当然，父母以身作则也是一个很重要的因素。俄国作家列夫·托尔斯泰曾说："教育孩子的实质在于教育自己，而自我教育则是父母影响孩子最有力的方法。"父母答应孩子的事情不能借故拖延，如果有不得已的情况，要征得孩子的谅解并协商解决问题的方法。父母是孩子的第一模仿对象，也是最重要的示范者，父母的言行举止会深刻地影响孩子的成长和发展。

第 3 章　假期，出去走走吧

【纪实日志】

“读万卷书，行万里路”是我对儿子“五角星”育人体系中的一个角。儿子的每个寒暑假，我们都在路上。当别人家把钱花在学习的刀刃上时，我们则是投入在旅行的路上。别人家的孩子在寒暑假“弯道超车”时，我们家却选择寒暑假放缓学习的节奏，享受假期。这里没有什么科学依据，只是我对“闲暇教育”的理解和选择而已。

初二的暑假，可以说是初中阶段很重要的一个假期。因为接下来就会进入初三中考的赛车道，所以这个假期里大家都很忙碌。不同的是，别人忙着补课，“马达”全开；我和儿子忙着自学和旅游，也是马不停蹄。

旅游，一直是我们的最爱。飞到一个地方，无论海边还是山里，只要离开上海，就会感觉轻松，哪怕说是“逃离”，也一点不为过。只是，十几岁的孩子就有此番感受，不知是喜是忧。七月份，我与儿子去了云南丽江。逛逛丽江古城，攀登玉龙雪山，欣赏泸沽湖的静与美，再观看丽江千古情的演出，非常开心。

与儿子的这一趟远行，让我感觉他忽然长大了。登玉龙雪山时，我有严重的高原反应。乘坐索道上去之后，几乎寸步难行。鼓足了勇气，挣扎着爬上了一个台阶，就席地而躺了，只能无奈地看着儿子，他必须一个人单枪匹马登雪山。放在平时，我一定不敢放手让他独自前行——这么远，这么高，人还这么少，怎能放心他一人呢？但我着实无力跟随陪伴，只能暗自担忧，让他继续前行。过了许久，儿子打电话说登顶的地方他也不舒服了，需要吸氧。我真恨不得立刻化为鸟兽，飞也好，爬也罢，尽快与儿子会合。再过一会儿，儿子说登顶了，拍照了。在下山的路上，我马上抱起氧气瓶，狂吸不已。刚刚紧张得都忘记自己也头晕目眩，忘记了氧气瓶的存在。不久，儿子回来了，带着两枚金牌。一枚金牌上面刻着“妈妈”两个字。儿子说，虽然妈妈没能够登顶，但妈妈挑战自己来到这么高的玉龙雪山，就应该得此金牌。当妈的，真是骄傲啊！老天爷也是很有眼力见儿，之前还是雾蒙蒙的，什么也看不清楚，就在儿子登顶的瞬间，云消雾散，露出玉龙雪山真容。儿子拍得尽兴，成就感爆棚。

八月份，我们又来到安吉，来到儿子的房子。这个房子是按照儿子的设计装修的。看到实景，真是让人叹为观止。装修的师傅说，他装修了三百多套房子，这样装修的只此一家。房子里的灯是儿子选的，房子里的沙发、柜子是儿子挑的，房子的软包是儿子设计的，很有品位。当然，遇到价格超出预算的物品，爸爸会和儿子协商，在尊重儿子喜好的基础上，选定合适的物品。一整天的时间，父子俩都沉浸在讨论和选购中。有趣的是，尚未装修完毕的房子一挂到网上，立马就有客户要租，而且是一年房租一次性缴付，十分诱人。然而儿子坚定地说，不租！理由很简单，不舍得。好吧，你的房子你做主！

八月底临近开学，儿子心心念念的航模社团终于启动。从最初的三天计划到后来只有一天的安排，从最初丰富的内容变成只有航拍一件事，从初定的学校校园活动变成世纪公园实践活动，几经周折。爸爸也是铆足了劲儿帮忙解决后勤问题。终于在天气还算给力的情况下，活动得以顺利开展。在这个过程中，儿子遇到了各种各样的问题，比如实际与预估不符，烦躁、焦虑、坐立不安等各种情绪纷至沓来，儿子都切切实实地经历了一遍。也许，这就是锤炼。终于，在周六完成暑期航模夏令营活动后，儿子这个航模社社长也算完美收官，不负众望。自从儿子亲自创办航模社团以来，他付出的心力不亚于创业者。看着航模社团一步步成长为学校的明星社团，儿子也是收获颇丰。这些经历无疑是他未来宝贵的财富。

两个月，六十二天。各种作业，穿插着返校考试。儿子没有松懈！开学报到的那天，儿子突然问我："妈妈，这个暑假我也是很努力、很用功的，对吗？"我很疑惑，为什么儿子会有所怀疑呢？原来，儿子了解到自己的同学暑假里一直补课学习，自己有些心虚。似乎暑期补课是一颗定心丸，不吃的人会忐忑。从众的心理，我懂！作为逆流而动的家长，我深受不从众的折磨。但心系儿子的成长，深知适合最好，我宁愿时时舔舐一下被鞭打的伤口，也毅然决然踽踽独行在少有人问津的路上！这唯一的指南针，就是儿子的成长。这个过程除了艰辛，更需要愉悦的感受，需要能量的储蓄，需要有对生活的热爱与追求！

【反思支招】你听说过"闲暇教育"吗？

你听说过"闲暇教育"吗？我给家长朋友们推荐这个新的词语，希望能够帮助家长完善自己的教育理念。

根据《2022年国民抑郁症蓝皮书》的数据，18岁以下的抑郁症患者占总人数的30.28%；再看《2023年度中国精神心理健康》蓝皮书的数据，初中生抑郁检出率高达30%。在研究报告中，关于学生抑郁的原因，45.65%是睡眠不足，53.91%是学业压力。这两个蓝皮书的数据告诉我们，孩子的学业压力已经严重影响了身心健康，我们需要重视，需要思考如何帮助孩子释放压力，缓解紧张情绪。同时，我们发现，在有限的闲暇时间里，孩子们的休闲方式往往停留在网络上。《2021 年全国未成年人互联网使用情况研究报告》指出，节假日未成年人长时间上网问题突出，其中使用休闲娱乐类应用比例比较高，如 62.3% 玩游戏，47.6% 看短视频。《青少年蓝皮书：中国未成年人互联网运用报告（2023）》发布：未成年人互联网普及率几乎饱和，调查中 47.5% 的未成年人选择“看视频”，40.1% 选择“听音乐”，36.4% 选择“写作业 / 查资料”，31.3% 选择“聊天”。这种过度依赖网络的生活方式更加不利于孩子的身心健康，同时也容易引发亲子冲突，成为导致亲子关系紧张的原因之一。

那么，除去学校和作业，孩子空余的时间应该如何安排呢？这就是家庭教育很重要的一个内容——闲暇教育。

美国学者 J. 曼蒂在《闲暇教育理论与实践》中对“闲暇教育”的定义包括以下三个层次的内容：

第一，闲暇教育旨在让学习者通过利用闲暇时间而获得某种变化，是“个体人格完善、展现主体性的必然需求”。

第二，闲暇教育是帮助人们在休闲生活中做到自我决断、自我充实和积极进取的途径。

第三，闲暇教育是从幼龄到退休年龄的、终身的、继续的教育过程。

闲暇教育，首先可以放松身心，有利于孩子的身心健康。有专家预言，21 世纪将是精神疾病大流行的时代。世界卫生组织也有警告，全球 50 亿人中有将近三分之一的人存在某种心理障碍。在我国，青少年学生的心理疾病也日益增多。所以，在家庭教育中更要重视闲暇教育。闲暇时间带孩子看看展览馆，了解历史和民俗文化，看看祖国的大好河山，看看外面的世界，赏心悦目的同时也能放松心情，感悟生命的真谛，塑造孩子的性格，还可以帮助孩子形成健康科学的三观，这样的成长过程不是更有价值和意义吗?

再比如，参加一些社会公益活动和社会实践活动，孩子能够在奉献的过程中提升社会价值感和社会责任感。一些有益的社会实践活动，不仅能拓展孩子的能力范畴，更重要的是能促进孩子健康人格和优良道德品质的养成。还记得儿子在一次敬老院的活动中，被一位 108 岁的老奶奶拉着手聊天。老奶奶已经口齿不清了，但儿子还是很认真地倾听，并时不时地应和。离开的时候，老奶奶非常不舍。回来之后，儿子也对老奶奶很是惦念，一到假期就会去看望老奶奶，给

奶奶剪剪指甲，陪奶奶说说话。儿子很开心。我问儿子，听得懂老奶奶在说什么吗？儿子说："听不太懂，但没关系呀，奶奶开心就好。"这样的两个小时对孩子成长的意义是两个小时的课外补习所不可比拟的。

这就是"闲暇教育"，除了上面的举例，还有兴趣爱好等诸多内容可以选择。遗憾的是，家长们宁愿选择补习班，从校内学习到校外补习，从五天学习延长到七日，甚至在寒暑假这样的长假里也是奔波于各个补习班。家长们只看到眼前的分数和课业，孩子的长远发展却被忽略甚至是被无视。这是教育的误区，也是家庭教育的黑洞。

《中国教育财政家庭调查报告（2021）》显示，家庭教育支出占人均可支配收入的比例为 40%，农村为 56.1%，城镇为 36.2%。从家庭教育相对支出比来看，家庭支出水平偏低的群体（0—39%）、中等群体（40%—59%）和中高群体（60%—79%）在子女教育上的相对支出比都大于 1，大部分家庭支出水平在中等及以下家庭将家庭支出更多的部分用于子女教育。同时，基础教育阶段家庭校外教育支出比例较高，尤其是小学和初中阶段，平均占家庭生均教育支出的 26.2% 和 18.4%。曾经，有一家长在网上晒出"北京天价开学清单"，其中最大的一笔开销是课外辅导，语数外三科都要补习，每小时 2000 元，一共 50 小时，那么总金额就是 30 万元。这足以证明 "培养一个孩子太费钱"的说法。其实，这些花费有多少是货真价实的呢？

又有多少实质上是家长在为焦虑买单？家长认为把孩子扔进教学机构，放在补习班，就心安了。这种心安只是在为自己的焦虑找一个慰藉，并不是在解决焦虑问题，而是在制造新的焦虑。孩子补习效果不理想怎么办？孩子厌学，不想去补习班怎么办？孩子脾气大，甚至处处与家长作对怎么办？接踵而来的问题如同漩涡一般裹挟着家长，让他们在黑洞里迷失。

作为过来人，有几个建议可以和家长朋友们分享：

●用发展性思维、长远的眼光来定位“成才”，应对升学压力，缓解压力性焦虑。“考上好学校，才能找到好工作，才能有好前程。”这种“独木桥”的思维一条路走到黑，往往是条死胡同。家长不妨调整思路，立足孩子本身，以多元发展的角度去帮助孩子。

●多看自己的孩子，少看别人家的孩子，应对攀比性焦虑。“别人家的孩子”犹如长鞭一般，鞭打着每个孩子、每个家长。学习好的孩子不如别人家的孩子阳光，孝顺的孩子不如人家孩子那么有本事，无论如何优秀的孩子都有不如“人家孩子”的地方，总是可以找到被否定、被指责的地方。家长要学会用发现的眼光看自己的孩子，用欣赏的心态对待自己的孩子，用鼓励的姿态陪伴自己的孩子。

●把学习的主权交还给孩子，把闲暇的时间完整地归还给孩子，应对群体性焦虑。你听说过“剧场效应”吗？看戏时前排起立，后排就会被迫起立。同时，旁边即使看得清的人也会跟风站起来，而那些正常的坐着听戏的人也会心慌、焦虑。剧场有座位却都站着听戏。孩子的学习也是如此。很多家长在给孩子报补习班的时候，最常问的是“你家孩子补了哪几门？”“你们在哪个老师那里补习？”“哪个机构补习好？”等等。虽然这些问题很实际，却都问错了。因为出发点不是自己的孩子，没有立足于自己孩子。家长如果确定需要走补习这条路，不妨问以下几个问题：

●孩子，你在学习上遇到困难，希望通过补习班的方式来解决吗？（解决的途径有很多，补习班不是唯一，更不是第一选择！）

●你希望在哪些学科上寻求帮助呢？你喜欢什么样的补习方式？你希望补习的内容是什么？（孩子对自己的学习情况有了解，有反思，有掌控，这很重要！）

●你希望在你自己的闲暇时间里，安排哪个时间段来补习呢？其余的闲暇时间，你希望做什么呢？（闲暇时间是孩子的，孩子通过规划自己的闲暇时间来学习时间管理。家长可以给孩子科学的建议，但不能越俎代庖，更不能以自己的意愿来评判孩子的安排。）

很多家长可能会提出疑问：让孩子自己规划，那基本上就是休闲娱乐了。别人都在抓紧时间补习，他就会被越甩越远！所以，关键还在家长如何看待学业与成长之间的关系。孩子是学习的工具人吗？是不是只要看到孩子在学习，家长就感到心安？看到孩子拿起手机就开始焦虑？健康的身心与好成绩哪个重要？面子工程与孩子的幸福哪个重要？你在教育中采用学生的成绩评价指标还是孩子的成长评价体系？当家长要对孩子的学习与成绩指手画脚时，不妨缓一缓，先自己回答这些问题。

记得有一次儿子考试失利，回到家很沮丧，他跟我说："妈妈，对不起，我让你失望了！"听到这样的话，我不是生气，而是心疼和难过。我抱着儿子，告诉他："宝贝，你努力了，但暂时没有达成自己的目标，你很难过，有点失望，是吧？妈妈做学生的时候，也会这样。不过，作为妈妈的儿子，你一直很棒，妈妈从来没有失望，相反，一直以你为傲。你很努力、阳光，还很有见识，妈妈很开心。当然，作为一名学生，暂时的挫败感是有的。妈妈可以跟你一起研究问题在哪里，找找方法。妈妈相信你，这些问题只是暂时的，但一定可以解决的。"之后，儿子去骑车也好，去打鼓宣泄也好，甚至一个人听听歌静一静都好。

所以，狂风暴雨会结束，雨过天晴才是自然规律。千万不要让孩子在经历暴风雨袭击之后，还要再承受父母带给他的低气压！

第 4 章　初三的号角吹响了

【纪实日志】

初三开学啦！号角吹响啦！初三的节奏既在预料之中，又出乎意料地让人重重受虐！

第一周，作业量翻倍。第一天，作业做到晚上十一点。据儿所言，下课就在做作业，屁股都坐痛了。一瓶水，一口都不见少，原封不动地拿了回来。就这样，回到家还有四个多小时的作业量！我不得不焦虑起来，以后怎么办?

细细问下来，发现是背诵环节出了问题，时间上严重超支。因为换了语文老师，新老师新要求，背诵默写的内容一个标点符号都不能错。儿子为了全对，不得不启动逐字逐句的背诵模式，听上去就像死记硬背，更何况是古文。因为这新的标准，儿子内心很抵触，情绪受挫，自然在阻抗的情况下，背诵的效率更加低下。语文科目就背了近两个小时，我看着，他自己都快把自己给背睡着了。这样不行！这时，我需要出手了。

此外，还增加了化学科目的背诵。因为教改，教材越改越简单，但上课的内容越来越多，考试的范围越来越广，题目越来越难，于是笔记本就越记越厚。一节课下来，教材基本没啥用，笔记本俨然充当了教材的角色，教材成了十足的摆设。这种情况下就不得不承认暑假补课就很有优势，毫无准备如我儿这般就会很吃紧。好吧，事实如此，唯有接受！

英语没有了以前的网络作业，没有了听读，增加了讲义拓展和考纲默写，换言之又是背诵加默写。

有趣的是，这三天的书面作业越来越少了，儿子基本在学校尽数完成，回到家就剩需要背诵的作业。这样，我就理解了，为什么很多“学神”级别的孩子回到家，晚上八点钟左右就完成作业了。因为英语都提前背完了，化学都学会了，语文都背过了，回到家只要稍微复习一下即可。而我家儿子，就是按部就班，每天勤勤恳恳、认真耕耘，实打实的初学者。想到这里，心中不免五味杂陈。如果时光倒流，我是否也会选择补课这条路，真未可知。单单就看眼前，的确是先跑的孩子划算呀！所谓人要适应环境，适者生存，身在如此环境中，要么顺势同步，要么就在自我挣扎中痛苦。我无力改变大环境，也许只有接受这种痛苦，才能让我更加清醒。一切都不是我儿的错！

如此这般，立刻调整策略。之前教会了儿子理解着记忆、笔头上记忆、放在句子中记忆，不过这些方法都收效甚微，主要是孩子情绪阻抗。唯有调动孩子的背诵兴趣，让孩子抛开烦恼，卸下包袱，才能启动智慧。慢慢地，儿子的学习状态好了，背诵的效率上来了，对背诵作业的抵触也小了，学习时间的管理也就顺畅了。孩子每天完成作业之后，又可以做自己喜欢的事情的时候，孩子是自信的、开心的，心理上是有安全感的。同时，睡前也可以听听音乐看看书了，又可以和妈妈聊聊天了。一天的生活不再单调时，人的精神和情绪会好很多。虽然是一样的睡眠时间，但一天不一样的结束方式会带来不一样的心理能量。

当然，孩子面对的“卷”的环境依然改变不了。课上，老师刚把题目读完，总有孩子立刻说出解题过程；试卷发下来，儿子做题速度明显慢于那些熟手。骄傲的人喜欢拿着傲人的成绩刺激同学；家长群更是充满了焦虑和被焦虑。不同于别人，我只是选择走一步看一步，看一步再走一步。既然我与儿子选择了这条“规规矩矩”的求学路，我们做家长的就不能责怪孩子的暂时落后。孩子在学校里被“卷”得体无完肤，回到家，他有释放情绪和负面能量的权利。我选择放过自己，放过孩子！

【反思支招】你知道情绪对学习的影响吗？

每个人都有喜怒哀乐，孩子同样也会受情绪干扰。情绪高涨的时候，孩子的思维活跃，学习行为持久，效果也更好；情绪低落的时候，做任何事情都提不起精神，学习效果也会大打折扣。所以，情绪对学习而言，就是一把双刃剑。那么究竟如何帮助孩子处理那些干扰学习的情绪呢？

1. 接纳孩子的情绪。面对枯燥的学习，孩子不可能永远积极向上。当孩子的学习行为受情绪干扰时，哪怕他的行为完全是错误的，也不要着急地进行批评或给出忠告，更不要急着给孩子贴上懒惰、找借口等标签。当家长接纳而不是否定孩子的情绪时，孩子会感到被理解、被认同、被接纳，内心需求被满足的同时，孩子的情绪也会得到缓解。

2. 倾听孩子的表达。当情绪被接纳后，孩子会有强烈的表达意愿，这时家长要学会倾听。听的时候，切忌讲很多大道理，因为这样很容易让孩子失去表达的欲望。这时可以试着用“嗯”“哦”“我理解”“是的”等语气词和简单重复的方式进行积极倾听。偶尔也可以试着用“幻想”的方式进行回应，如：“要是时光可以倒流，有一支魔法笔，出错时会自动停止，那该多好！”幽默诙谐的方式往往更利于缓解情绪。

3. 把解决问题的主动权还给孩子。家长要教给孩子的，不仅是调控情绪的能力，也包括解决问题的能力。当孩子的情绪得到纾解之后，家长可以与孩子一起讨论解决问题的多种方法，并尝试将解决问题的主动权交给孩子，因为孩子只有在解决问题的过程中，才能积累更多的积极力量，才能真正掌握情绪转换的方法和途径。家长需要提醒孩子：在情绪和行为之间划定一条明显的界限——我们有权表达自己的情绪，但行为上不能伤害自己或他人。

其实，到了初三、高三的时候，孩子承受的升学压力是成倍增长的，孩子的情绪波动大也很正常。有的家长惯于给孩子打鸡血、喝心灵鸡汤，或者安慰孩子说“这个阶段都一样，别人能过，你也能过”。也有的家长会用鞭策的方式鼓励孩子，“你这么累是因为你不会做，你不够努力当然就不会做”，又或者说“背一遍不行，那就背十遍、一百遍，只要功夫深，铁杵磨成针！”……各种方法齐上阵，更加刺激了孩子，引发了怒火。

孩子到了初三，我是这样做的：

●帮助孩子进行“能量管理”。人的能量输出是有起伏的，不可能永远处于巅峰状态，也不能一直让大脑处于高速运转的状态中，因此把握节奏很重要。心理学有一个“精确休息”的说法，旨在让我们能“快速充电”。在休息和锻炼之后，人们的情绪会变好，效率自然会提升。因此，在孩子忙碌或情绪低落时，教他“精确休息”以调整身心是非常必要的。

●高能量输出。有的孩子在状态好的时候看电视、刷手机，已经很疲惫了再去学习刷题，这样很低效。家长可以与孩子一起协商，制订并调整时间表，配合“能量管理”。例如，每周的学习内容安排可以强弱相间，任务强度有高低之别。周一周二可以进行高强度学习，周三让孩子缓冲一下，或者一天隔一天，等等。

●经常干扰会消耗能量。家长需要给孩子提供一个干扰少的学习环境，创设温馨的家庭氛围，帮助安排规律的作息，确保孩子少分神，尽量让孩子在情绪方面少消耗能量。

第5章　假期可期吗？

【纪实日志】

每年国庆，都是开学后最盼望的一个节假日。每个国庆假期，我们都要远行，近可达西藏，远可达新加坡。初三的国庆节，盼望着，盼望着，来到眼前，还附赠这如山般的作业。擅长时间管理的儿子，依然坦然安排，并不惆怅。因为，我一直告诉他，不是时间不够用，只要安排得当，照样可以玩得尽兴，学得高效。

然而——满话过早！打脸的时刻随之而来。

儿子安排好了每天的作业量，自行刷题复习的内容，当然还有游泳和骑车。国庆第一天，一家人快快乐乐地出发了。幸运的是，路上畅通无阻。从朋友处得知，国庆前一晚，路上大塞车。原来国庆堵车提前了，幸运的是我们这些无知无觉的人躲过了高峰。到达目的地安吉，先到酒店里安顿下来，然后再去爬凤凰山。回到酒店，吃个晚饭。不紧不慢地，按照计划，开始写作业。中学生的出行就是这样特别，俗称“换个地方写作业”。时间就这样点点滴滴过去了，儿子越来越焦躁。因为作业量大，一直到晚上十一点还没有完成预定计划内容，因此只好将部分内容放到第二天上午。如此这般，第二天的内容，部分要移到第三天的上午。

不停歇地写作业，儿子非常疲惫，心情也越来越糟糕。我临时起意，去浙北大峡谷游玩一下午，晚上入住湖州酒店，第四天一早再返回上海。理想很美，却总被现实打破！现实是，一路开车回上海，上午的时间用在了路上。疲惫之下，小憩片刻，就只剩下下午两个小时的时间，这才开始写第四天的作业。糟糕至极的是，最后一门语文作业的量与繁琐程度超出预估。本来预计一个知识框架的默写用一上午足够，却不承想用了一天。因为情绪上的阻抗，也因为内容的琐碎，记忆难度增加，效率极低，儿子的情绪雪上加霜。

我知道儿子的辛苦与烦闷，可无计可施，自己也是烦躁不已。但是我立刻反思当初计划制订时问题出在了哪里，还有哪些补救的措施。最后决定，物理、化学小学科的刷题——舍弃；语文复习——打折扣；数学、英语刷题——减量。不得不调整原计划，课业的各种减量持续到国庆最后一天。儿子早早起床开工，一上午不见儿子喝一口水。送进去的水果，一口未动，也不见上厕所。当妈的，还能说什么，还有什么可埋怨的呢？

“是国庆不该出去玩吗？像其他孩子一样，做作业、上课、刷题过国庆？”

“是国庆不该刷题吗？只需完成作业就好，因为作业量着实不少！”

“是国庆不该心浮气躁吗？本应轻松地休假，却无奈学业压力实在大！”

真相究竟是什么？儿子14岁，正值青春年少向阳飞翔的年华，却不得不收起翅膀，远离自然，在书桌小小一方天地，奋战到昏天黑地。回忆起自己的初中和高中时光，我也曾经拼搏过。但我的记忆里，还有折柳条编哨子、在田野里拔谷荻、在马路边骑自行车，与闺蜜聊天嬉戏。看看电视剧《西游记》，读读小说《封神演义》，到亲戚家串门子，到集市上挤来挤去。反倒读书学习，只记得曾经很努力，再无其他画面。

儿子呢？等他长大以后，记忆中这段读书生涯，画面感最强的会是什么？最深刻的感受又是什么呢？是堆积如山的作业，是半夜十一点的钟声，是老师大笔一挥的分数，还是楼下小孩的吵闹？我不知道答案，只是觉得儿子的童年似乎不如我的童年，虽然他的时代进步了，物质丰富了，却因为失去单纯的快乐而逊色。

都说，“三十而立，四十不惑”。我却“惑”得很！

坐在窗前，看着窗外的阳光，我心乱如麻。四十多岁的我们，正值孩子初、高中学业竞争的关键时期。想想孩子这短短的七八年光景，我很是疑惑。虽说我也不认为学习就一定是快乐的，但也不能苟同孩子们当下的学习状态和感受。这已经无所谓快不快乐了，孩子都在煎熬，都在忍耐，都在等待这个过程的结束。中学学习生涯结束了，一个个才得以释放和张扬。最终却发现，前方的路看不清，找不到自我，方向不明。大学本是人生最美好的时期，脑力、体力、精力处于人生最巅峰的时期。大学时期，应该是潜心钻研的时期，应该是成果斐然的时期，更应该是人生腾飞的时期。而辛辛苦苦考上大学的孩子们呢，他们在释放中学时代的积怨，再通过对学习的漠视来表达自己，在脱离父母掌控的自由中感受自己。然后呢？毕业之后呢？

这一切，皆源自基础教育阶段的积弊。土壤是肥沃的，还是贫瘠的，直接决定小树苗的死活；土壤提供的是纯自然的营养，还是人工肥料，也决定了小树苗的生命力。树苗生长过程中，树干是粗的，长大以后才能抗风抗旱；树干是细的，是被拔高的，长大以后容易被风吹倒，被雨淋垮，日晒也会熬不住。这样的土壤，这样的培育机制，焉能使小树苗长成参天大树？这样的成材一说，岂不贻笑大方？

然而，满腹牢骚有何用呢？难道众人皆醉我独醒吗？不是！其他家长都看得比我还清楚，只是我的想法带了点理想色彩，我更希冀一些人本的欢乐而已。是呀，对孩子而言，如果假期不可期，日子还有何盼头？

【反思支招】你的孩子觉得幸福吗？

幸福是人类永恒的追求，也是人们普遍关注的、常谈常新的话题。家庭教育的终极目的，就是要帮助孩子成为更好的自己，让孩子拥有一生追求幸福的能力。幸福是什么？积极心理学之父马丁·塞利格曼提出的“幸福五要素 PERMA”，即积极情绪、全身心投入、人际关系、意义和追求、获得成就感。基于此，他提出了著名的幸福公式：H=S+C+V。

H 代表幸福的持久度。短暂的幸福过去之后，往往更空虚，所以我们要追求的不是短暂的幸福，而是真实而持久的幸福。玩游戏的那个当下是幸福的，出了游戏的虚拟世界呢？很多孩子离开游戏就感到空虚，找不到幸福感。

S 代表幸福的范围。幸福感有一部分是由先天决定的。心理学家认为，由于出身环境、生活经验以及遗传基因等因素的影响，我们每个人都拥有一条与生俱来的幸福基线。比如，遇到相同的事情，每个人高兴或沮丧的程度不一样，因为每个人对幸福的感受范围不一样。

C 代表生活环境。生活环境的改善，毋庸置疑会提升幸福感。但是，C 对于 H 的影响只占到 8% ～ 15%。

V 代表自己可控的因素。V 主要包括我们对过去、现在、未来的看法，我们不能改变事件本身，但我们的确可以改变对事件的看法。当我们学会把这些看法都调整到积极状态时，我们的幸福感就会大幅度上升而且持久。掌控好V，就可以使你的生命充满能量，从而获得幸福的人生。

在H=S+C+V幸福公式中，S和C是基本恒定的，而V是可控的变量，代表着我们对外界的控制权。所以说，对孩子的幸福感影响最大的两个因素：一个是孩子从家庭中获得的对幸福的感受，另一个是孩子对幸福的理解和认知，这两者都是家庭对孩子的滋养。有的父母特别爱孩子，溺爱娇纵孩子，结果孩子依然感受不到父母的爱，觉得不幸福。所以，家庭生活中父母给予孩子的爱很容易“满招损”。此外，孩子如何看待生活，如何在获得幸福感时感受到自己的力量和价值存在，如何拥有“幸福由我不由他”的控制感，这些很重要，也是家庭需要给予孩子的滋养。

英国的“国民心理学家”奥利弗·詹姆斯说：“我们会成长为今天这个样子，是受父母的言传、身教、关爱、虐待及我们与父母的身份认同等因素共同影响的，幸福和不幸的培养模式像基因一样在家族中世代流淌，想要改变未来，让我们的孩子拥有幸福快乐的人生，我们必须从自己做起。”营造滋养型家庭环境，有利于培养身心健康、幸福快乐的孩子。如何营造滋养型家庭环境？建议如下：

●有温度的家庭环境：“滋养

的环境”就是我们不要吝惜赞扬、欣赏，以及公开褒奖；表达关注、兴趣、肯定、青睐、感动、爱意，并且能给出实际的奖赏。滋养型家庭本身就有爱，有温度，孩子浸润其中，也会成长为温暖的孩子。

●积极正向地互动与反馈。欣赏孩子，多赞扬，充分表达爱意，并在孩子做出恰当行为的时候给予积极反馈。同时，父母应该以身作则，不责打、呵斥、讥讽、嘲笑孩子，避免让孩子丧失自尊。

●不把孩子和他人比较。很多父母爱拿“别人家的孩子”来比较，目的是给孩子一个努力的目标。事实上，这样做不仅难以起到激励的作用，还会伤害孩子的自尊心、上进心，甚至影响孩子对父母的信任。

●培养“亲社会行为”。在家庭中，父母应注重培养孩子在人际交往方面的软性能力，比如共情、互相体谅、抑制冲动或者以幽默的方式缓和矛盾等。这样能帮助孩子逐渐掌握社交礼仪和情绪控制技巧，有助于建立和发展人际交往能力。

●注重培养内驱力。一味的强迫会使孩子产生严重的逆反心理，而适当且逐步地放手才是父母的智慧之举。生活中注重培养孩子的内在驱动力，帮助孩子认清自己想要什么，并不断鼓励孩子向目标迈进。

第6章　一模来了

【纪实日志】

从初三的第一天开始，一模就如同那时时挂在嘴边的“狼来了”，让人听得心惊肉跳。叫了这么久，“狼”终于来了，一模就在眼前。

经历过两次月考和一次期中考试的洗礼，白的还是白的，黑的也还是退不掉的黑色基调。儿子已经奋战到了今天，头痛、睡眠不足、抵抗力下降，加上挑灯夜读，初三的娃儿该有的、该体验的，可以说无一遗漏。当妈的，实在是有心无力，再着急也无济于事。于是，每天煲汤，增加营养，多维片、钙片、鱼油、蓝莓片接连登场，分别占据着早餐后、午餐后、晚餐后以及睡前的特定时间段。儿子已经是来者不拒了，放在嘴里，一口水下去，动作连贯得如行云流水。有时我想给儿子一颗话梅，他都会用水送服。

一模，三天考完五门主课，还有其他结业科目。上海市每个区一摸考开考的时间不同，从第一个一模考的区来看，题目不简单。从儿子历年已做的考题看，分数不理想。再结合一模前的几次模拟考，基本预测一模是一场攻坚战。语文考完，儿子说，作文题目很简单，但写不出感觉。我听着，心里凉凉的。第二天，考完英语，儿子说“遇到有史以来最难的阅读题”，我已经不知道该怎么接话了。第三天，也是最难的一天，因为一模的数学基本做不完。填空题 18 题，卡一下；23 题，证明题，纠结一下；24 题，函数题，太复杂；25 题，压轴题，那就更不必说了。除去这些，其他题目还要确保不出错才行。

平心而论，儿子自认为在各学科的学习中，还是比较喜欢数学的。数学成绩也还算是优良，遇到难题也喜欢钻研。然而，却没有在外面补课。他对数学题目的解题思路和解题方法还是比较传统的。当他面对大题，特别是 24、25 题的时候，他显得笨拙，而且做题很花时间，这些题非常考验计算能力和心态。曾经也想过在外面找个老师补一补，但儿子决定靠自己，多刷题，多积累。我想，学习的过程是儿子自己在经历，他有自己的知觉和理解。我纵使有再多的资源和路径，也需要儿子认同，才有价值。儿子有选择怎样学习和学习什么的权利，哪怕是错的，哪怕是弯路，只要不违背基本原则，没有什么是不可以的。试错也是成长的必经之路，不是吗？

有朋友说，我这个当妈的，心真大。孩子还小，不能任由他们自说自话。还有朋友说，孩子都会偷懒的，你不盯着、赶着、压着，他们才不要上补习班。补习班就像是一个魔咒，总是让我心里不踏实，也许真的只有到儿子高考结束了，我才能彻底摆脱吧。不去补习班的事情，儿子还是自己做主的。

于是，一模大考，孩子们拼在考场，绞尽脑汁，老师教的，补习班教的，还有自己总结的，各显神通，好不热闹。儿子回来说，有同学说那道题他做过；也有同学说，那个类型的题目学过；更有趣的是有同学说学过、做过，就是没记住。好吧，如果数学都要靠背诵和记忆来学习，我是真的要担忧了。好在我家儿子学习数学，还在该有的思维轨道上，万幸！

终于，一模成绩来了。

语文 127，数学 126，英语 139.5，物理 98，化学 92。这样的分数，可以说没有滑铁卢，也没有发挥好，只能说不好不坏。虽然儿子的总分依然占据年级榜首，却总有种说不出的抑郁。我跟儿子说："这说明咱还有上升空间啊。""第一名"现在看来，也不是那么美好，反而平添更多况味。儿子对一模充满期待，奋战过后，收获的是一种晦暗不明的失落。别人说，你都年级第一了，还不知足呀！其实这不是知足不知足的事情。儿子一直在跟自己较劲，他有自己的目标，跟是不是第一名没关系。

回想备战一模的那段时光，每天就像个陀螺，在固定的轨道上旋转、旋转、再旋转。我已经忘记了我的初三生活，但我很明确，现在的孩子比我那时苦。除了压力大，还是压力大。知识点难度大，学习时间长，考试和成绩造成的心理压力大。我不知道为什么一代更比一代苦，也许是为了一代更比一代强的缘故。即便如此，我总是会顾虑：如此这般，孩子的学习兴趣没了，学习的意志品质没了，学习的钻研过程没了，又待如何？

专家说，中国家长的焦虑是一个问题。有道理！作为中国家长之一，而且是初三毕业生的家长之一，我想说这确实是个问题，而且是一个谁都不想“结缘”却无法摆脱的问题。然而，更严重的是如何面对和处理焦虑，有多少家长会无意之中将这种焦虑转嫁给孩子或者自己的伴侣呢？学业的压力，老师的压力，家长的压力，三座大山，孩子又当如何？

【反思支招】孩子面临大考，家长需要做些什么来助力呢？

在竞争环境下，考试与成绩往往是孩子压力的主要来源。家长可以在考前提供帮助，考后给予鼓励，孩子才会获得实质性的助力。

“工欲善其事，必先利其器”，临近大考，家长可以通过以下途径协助孩子制订有效的、适合自己的复习计划。

1. 明确目标。可以先展望稍远一点的目标，比如高中、大学的升学目标，然后倒推至本学期可以达成的目标。当这个目标被赋予长远意义时，能更好地激发孩子的雄心和斗志。目标要具体且合理，即孩子经过努力可以达成。太高或太低的目标都不合适，只有符合孩子实际又有挑战性的目标才是合理的。

2. 复习重点。这是一个查漏补缺的过程。针对性地复习短板，往往比花大把时间复习已经熟练掌握的知识成效要大得多。引导孩子以“捡苹果”的心态来对待错题，每消灭一个错题，就是往自己的筐里放进一个苹果。

3. 改进复习策略。对于优势科目，可以通过提升训练来复习，记忆一些更有深度的知识，进行难题和大题的突破；对于还有较大提升空间的科目，则应该夯实基础，确保牢固掌握基础知识。

4. 执行和监督。可以鼓励孩子进行自我奖惩，增强自主学习的动力，保证计划的顺利完成。如果是家长来协助执行监督，需要把握好分寸。监督人的主要作用是负责提醒，而不是指责催促。我们应该让孩子将更多的注意力、意志力放在计划落实上，而不是和家长的斗智斗勇上。

到了初三，考试成为家常便饭，而且不再是一日三餐，而是“多餐制”。日日测、周周评、月月考，再加上期中考、期末考和各种模拟考。有时候，孩子还没有从上一场考试的失利中走出来，下一场考试又要来了。所以，家长要随时做好“试后”应对，以免孩子过度焦虑、抑郁，甚至厌学、逃学。以下是一些应对方法：

●考试后关心孩子的情绪而不是成绩。现在的家长特别关心考试的成绩和名次，而这也恰恰是孩子最反感的。考试结束后，家长要注意三忌：一忌，孩子考完一门问一门；二忌，不仅仅问自己的孩子，还要问“别人家的孩子”，总是比较；三忌，对人不对事，不要用成绩来指责孩子，如“不努力”“不用功”“天天就知道玩手机”“考不上大学，将来没出息”，等等。考试结束后，家长需要关心的是孩子的情绪和感受，听一听孩子的想法，与孩子一起想办法。

●重视考试后的家长会。家长想要了解孩子的学业情况以及在校表现，最好的途径就是与老师沟通。所以，家长要特别重视家长会，切莫缺席。通过家长会，家长了解学校的教学情况和活动安排；了解孩子的优势与短板，听一听老师的建议；也可以通过借鉴优秀学生及其家长的做法来反思自己，及时调整不合理的部分。家长会后，家长要学会正确处理各类信息，通过转化将其变成正向积极的信息，如对孩子的信任、理解和期待。特别注意，家长会后我们不逃避问题，但也绝不能借题发挥。

●及时了解孩子的需求，重新出发。考试结束，意味着一个阶段结束。家长和孩子都要有“归零心态”，重新出发。家长要随时关注孩子的需求，同时要调整饮食，保证睡眠，增加运动，合理安排娱乐内容，等等。重要的是，家长不要只关注学习，要有“围魏救赵”的智慧。确保孩子有愉悦的情绪和积极的状态，更好地将正能量迁移到学习中，这样才能事半功倍，更见成效。

第 7 章　这个寒假不一般

【纪实日志】

初三的寒假，绝对是中考前的最后一搏。假期未至，家长们就已经积极行动起来。各种假期的辅导班，各种名师名单，还有各种团课把寒假的时间填得满满的。从时间表上看，似乎寒假比平时上课还要忙碌。有的孩子要查漏补缺，有的孩子要备战自招考（自主招生考试），也有的孩子只是不想掉队，如喝参汤般继续吊着。无论如何，这个假期是不能安排出游或娱乐项目了。

儿子虽然明白这个道理，但辛苦了一个学期，对寒假这个假期的休闲活动多多少少还是有些期待的。不仅仅是儿子，关键是我这个当妈的，也并不认为出去玩一下就会被赶超。现在想想，我的心还真是大呢！

寒假第二天，我们一家三口就来到了安吉——不近不远，路上半天时间，有玩有乐，最重要的是可以住到悦榕庄。儿子念念不忘想体验一下悦榕庄的老式住宅，两扇大门，有木头门栓。有个小院子，阳台上还有一个下沉式的温泉可以泡一泡。自然，我们还是带着作业出游的。所以，一边是老公抱怨说："浪费这么好的环境了！"另一边是儿子泡在温泉里与爸爸下棋。我们这心里还要忐忑着："别人都在上各种补习班，拼命刷题，我们却在享受温泉，是不是有点过了！"反正，不随大流的我们，就是这样被焦虑折磨着。

原定儿子作业完成之后去云上草原滑雪。无奈他被数学题卡住，时间一再拖延。等儿子攻克数学难题，时间已接近关门的时间点。去还是不去？去，怕白跑一趟，失望而归；不去，儿子心里好难过。还是爸爸果断，先去再说。一路飙车，因为是临近关门的时间，几乎所有的车辆都是返回的，我们自然避开了堵车，也不用找车位。爸爸一路狂奔到售票口，最后一分钟，工作人员已经准备关闭售票系统了，看到狂奔而至的爸爸，仁慈地卖出了当天最后三张门票。上山的车上，就我们一家三口。上山的缆车，也是我们包场。下山亦如此！

也许是晚了的缘故，滑雪场有些冷清。儿子在教练的带领下，一圈一圈地滑着。老公毕竟不如年轻人，滑了一圈，摔了三个跟头，教练都扶不起来，还是放弃了。紧张，再加上体力原因，老公一身冷汗。而我非常有自知之明，买了一杯热姜茶，再来上一碗关东煮，坐在室内靠窗的位置，搜寻着儿子的身影。两个小时，儿子玩得很尽兴，我们也很庆幸。这就是我们的运气！

转眼间，年关将至，大年三十回老家也堵在路上。幸运的是，我们赶在除夕夜，与奶奶一起吃饺子、看春晚。大年初一晚上，老公果断决定返回上海，一路畅通无阻，进上海也没有障碍。然后就听说返城的种种检查，种种关卡。我们又是幸运的，这个寒假真是不一般！

这个寒假不一般！赶上初三，赶上新冠，赶上网课。对于喜欢自由安排时间的儿子来说，这是有利的。原本想着自招考备考完全没有时间，这下有了大把的时间。原来，寒假作业有些紧张，这下全部完成，自然包括额外自定部分内容。从三月初开始，每天儿子可以晚起床一个小时，晚饭前基本完成所有作业，晚上就是自己的时间，可以按照自己的节奏往前走。都说祸福相依，相互转化，关键看你怎么利用当下的时机。虽说疫情让每一位家长，特别是初三和高三的家长很焦虑、很着急，但反观之，这何尝不是属于真正自律自觉的孩子的机会呢！

正当我们母子沾沾自喜的时候，学校突然通知要网考。在规定的时间内，完成网上的考题。原本儿子使用电脑并不多，打字尚属于“一阳指”的状态，无形中对网考有诸多顾虑。第一门语文考试，狠狠地验证了我们的担忧。网上文本字号小，堆砌在一起，儿子几乎就是鼻尖擦着电脑屏幕在看文章。其次，打字回答问题，速度很慢。果不其然，还有完完整整一篇阅读来不及看，时间就到了。儿子瞬间崩溃，大叫着不公平、不合理、不科学！我也很纳闷，怎么会这样呢？不按时交卷就按照0分处理，这就需要儿子在完成所有考题与0分之间做出艰难的抉择。儿子倔强地不想交卷，不想放弃没来得及做完的题目，在老师拼命催促的时候，还在奋笔疾书。终于，考卷完成了，结果不重要了，因为儿子做出了自己的选择。

我问儿子："在没完成题目与0分之间，你选择哪个？"儿子很清楚，我想探讨的话题是取舍问题，自然他也很清楚在那种情形下该如何取舍。我明白，儿子的内心是矛盾的，但我愿意支持孩子的选择与决定。心理学上说，挫折教育，不是制造挫折让孩子成长，而是将孩子当下面临的挫折真实地呈现给孩子，让他自己做出思考，做出决定，并勇敢地承担后果。这样，孩子才会有收获，形成经验，在以后类似情况出现的时候，少一些纠结，多一些决断。过程是痛苦的，不仅仅是对孩子的磨炼，也是对家长的考验。

好吧，一切天注定，我只要做好我该做的，儿子也努力去做他想做的，那就顺其自然吧！

这个寒假不一般！往年三月份，热火朝天的自招考已经铺天盖地，今年大家却都在静静地等。

终于，三月底四月初，各校陆陆续续推出"网上校园开放日"。浏览着四校八大的校园特色和各类宣传，顿时觉得这些学校这么"灵"！不过，看看往年的录取分数线，那也是高不可攀的！这时，我体会到了主动权不在手中的感觉。当下，我们是被选者，努力着也期待着。我也终于明白，“牛娃”在这个当口是多么自由，并且能有所掌控。只有足够优秀，才能选你想选的；反之，只能选你可选的。儿子的目标高中，学习氛围浓厚，开放自由，社团活动丰富，有他感兴趣和擅长的，最好是不住宿的市实验型示范性高中。还好，他没有死盯着“四校八大”（上海的四大名校和八所重点高中）这样的名校。

关于住宿的问题，我与孩子的观点是一致的。一方面，考虑到高中的辛苦，走读回家，营养上可以保证；另一方面，孩子们的性格与生活习惯都不同，如果住宿，可以预见他会面临的挑战，新环境的适应期会加长，孩子的多重压力会变大，有损孩子对高中生活的美好期待。自然，有声音说要放手，住宿可以锻炼孩子的独立性和自主性。我想，这观点本身没有错，只是因人而异。当然，最后只能选择全寄宿高中的时候，也只能如此了。

目标明确了，我们就来先看有选择权的学校，再结合孩子的愿望和特长，最终选定七宝自招考。说实话，这个目标不低，不是不可能，而是成功的概率不高。但既然是儿子的选择，我自然全力支持。哪怕只有 1% 的可能，我也要陪孩子努力，去经历奋斗的过程。因为成功与否，儿子都会有收获，有成长。

初中四年，转瞬即逝。进入倒计时的节奏，却没有了初三的氛围，是福是祸？各家自有定论。只能说，这个寒假的确不一般！

【反思支招】你家孩子上网课吗？

网课是一种授课方式，一方面，这彰显了网络的便捷和强大功能；另一方面，它也将孩子自律与否暴露在了照妖镜前，让人一目了然。

究竟是哪些因素导致孩子难以自律呢？为什么网课背景下，有一批平时成绩不错的孩子就被筛下来了呢？我认为大概有以下几种原因。

1. 过度自信。有些孩子眼高手低，一开始充满自信地制订了一日计划，并认为自己一定可以圆满完成。可是随着时间的推移，兴趣和体力逐渐消耗殆尽。当感到疲劳、无精打采时，自律能力会大打折扣，想要完成计划也变得有心无力。所以，把计划制订得满满的，不留余地，其实非常不利于孩子的自律。适当合理地安排每日规划，为可能的突发情况留出一些时间，以退为进，结果可能会令人更加满意。

2. 总能给自己找到各种各样的借口。当我们想为自己不恰当的行为找借口时，每一天都可以被认为是“特殊情况”。生活中，我们发现难以坚持一件事情的时候就会寻找

客观原因为自己开脱，如今天是周末我需要放松一下，或者是有什么事情打断了计划，甚至于想着明天再说。把每一次计划的中断都归咎于外部事件的打扰，只会降低自律性，出现“明日复明日”的恶性循环。孩子也不例外，如果真的想要改掉陋习，那么当干扰因素出现时，家长就需要帮助孩子判断是否应该调整甚至中止计划。

3．目标达成后的坚持。与成绩提高相比，保持自律状态更为重要，所以恰当的自律动机非常关键。有的家长喜欢用物质刺激来督促孩子自律，有的家长善用威胁的手段逼迫孩子。其实，如果自律的动机源于外界的功利性目的，孩子是很难做到真正自律的。家长需要从孩子的内驱力上着手，帮助孩子建立自我价值驱动机制。

自律是我们希望孩子能够培养和发展的能力。家长可以怎样帮助孩子在自律方面有所进步呢？推荐给大家一个“每日问答法”以及一些日常需要注意的问题。

1．“每日问答法”能够帮助孩子做到自律。假设孩子的英语很差，想通过背记单词来提高成绩，可以选择通过“每日问答法”，把背单词计划坚持下来，养成良好的学习习惯。孩子要做的第一步，就是先制订出每天需要背记的单词个数这一具体目标。第二步，孩子需要先问自己——我尽我最大努力去完成这些目标了吗？我们需要为自己每一天的表现打分。具体目标的设定并不是一成不变的，可以酌情调整。

●这种方法是一种有效的自我监测，促使孩子更加自律。曾子说“吾日三省吾身”，用现代的说法也叫“复盘”。对于孩子来说，他们最擅长应付了事，最需要养成反思的习惯。每日自我问答，可以帮助孩子充满仪式感地去完成一件事情，认真且有责任感地去评估一项工作。积极的自我反馈，可以滋养孩子的内心，让孩子更自信。而不断调整和完善，会促使孩子学会思考，学会做事，内心更有力量感。

●孩子在有需要的时候会激发动机。孩子为自己的喜好去做某件事，这是出于孩子的内在动机。外界给予孩子精神上的认同或者物质上的刺激，就是外部动机。而“每日问答法”的作用，就是帮助孩子完成那些既不受内在动机驱动，也不受外在动机驱动的事情。换句话说，孩子既不喜欢那些事，也不会因为做到那些事就在短期内收获回报。“每日问答法”可以帮助我们和孩子直面那些不想做、也没有短期成效的事情，并努力完成，从而取得长远甚至是受益一生的成效。

●能够彰显出自律和自控之间的不同。自控，指的是避免不理性的行为；自律，指的是实现理想的行为。偏好自律的人的态度永远是主动进攻的，而偏好自控的人则永远以被动抵抗的态度来做事。所以，选择适合孩子的网课资源很重要。除去学校老师教授的网课课程，校外的网课资源是可以自主选择的。如何选择？很多家长一味追求“好老师”“明星老师”，盲目听信教育机构的宣传广告，完全忽略孩子的感受和想法，大大降低了孩子的学习积极性。家长可以让孩子试听几个老师的课程，让他们自主选择想上的课。

2. 进行详细的学习安排。线上学习比线下学习更需要自律，制订计划是一个很好的自我监督方式。首先，线上学习与线下学习一样，都需要完整的学习环节——课前预习、课中与老师互动、课后完成作业；其次，线上学习完成后，要及时解决疑难，避免得过且过，一知半解；最后，线上学习也要劳逸结合，安排适当的休息时间，缓解久盯屏幕的眼疲劳，保护好视力，有条件的家长可以给孩子配备蓝光眼镜。

3. 营造良好的学习氛围。线上学习，孩子需要一个安静的、不被打扰的学习空间。一方面，家长要尽量避免在孩子上网课的过程中制造噪音，或频繁进出；另一方面，孩子在学习时，家长可以看书、学习或工作。要提醒的是，虽然是在家上网课，但也要做好必要的准备工作，如穿着整洁、洗漱干净、备好用具，打开电脑、安静地准备开始。良好的学习环境和学习氛围，可以确保孩子良好的学习状态。

第 8 章 自招败北

【纪实日志】

自招，顾名思义，就是各个高中根据自己的需求招生。高中自行命题，自行组织考试，自行批卷，然后自行预录取，此为自招。

我们也很纠结，儿子因为在学校表现突出，学校给了一个复旦附中自招的名额，希望我们去试试。但儿子觉得去复旦附中完全是天方夜谭，自己没有学过任何自招内容，竞赛内容也没接触过，简直全无尝试的必要。儿子觉得去七宝试一试，感受一下，可能不会被虐得太惨。在我的观念里，自招不属于我们这样的孩子。既然儿子的出发点是去感受，就让他自己选择想去的学校吧，最起码不至于打击到中考备考的信心。

自招考试考了一上午，语、数、英、理、化五门功课，三个小时，五套卷子，中午就结束了。下午回家等消息，过程十分难熬，一分钟又一分钟，手机不曾响过。第二天一早，儿子与同学聊天，先前的焦灼完全消解。那些学了一年两年自招辅导班的同学，也都没有自招成功。儿子说，那些数学题，题目都读不懂，符号也看不懂，因为没见过！那些物理化学题，知识点是学过，但没有这样绕，这样超纲。可以应付的只有语文和英语。语文不需要临阵磨枪，都是储备在脑海中的知识积累。儿子的英语词汇量还不错，阅读能力也还行，分数也就好看一些。这样看来，自招考试要的是提前学的孩子或者是竞赛选手，的确不是我们这种按部就班的普娃。

在我的教育理念中，国家教学计划和教学内容的安排是经过科学论证的，是最为合理的，自然也是最符合孩子身心发展规律的，对孩子的综合发展是有利的。如此这般，我们为什么还要另辟蹊径？学生在老师的教学活动中，学习知识，掌握技能，提高解决问题的能力，孩子有成就感，有收获。感觉跟不上的，可以通过训练，查漏补缺；感觉吃不饱的，可以课余自行探索学科深层次的知识和本源。每一个孩子都在正常的轨道上行驶，有自己的课余时间满足多元的成长需要。为什么一定要把课余的时间放在赶超进度上或者学习高中内容上呢？老师的每一堂课，对每个孩子个体而言，应该是不同的。“教学相长”，是教师的“教”促进学生对知识的掌握，学生的学习促进教师更有针对性地教书育人，绝对不是让教师因为学生提前在外面学过了而省力，而跳过，或凭空拔高。

特别幸运的是，儿子遇到了一位清醒的初中英语老师。从第一次家长会开始，这位老师就告诉家长们英语这门课不需要在外面补习，除非孩子要去国外读高中、读大学，那是不一样的英语水平要求。所以，如果孩子不懂的，可以到校问老师。如果孩子自己有拓展需要的，老师也可以推荐合适的资料，但前提是把老师教的学好吃透。这位英语老师的清醒还在于她的教学内容从不会因为提前跑的孩子水平高了而改变，她关注的是整个群体，是教学规律，是孩子们对英语学习的兴趣和方法。所以，初中四年，儿子没有因为不补习英语而自卑，相反还因为补习的孩子与自己也没太大差距而自信。儿子小学时英语是最差的，初中时英语却是最好的，更重要的是儿子对英语学习有了兴趣和信心。完成学校的英语学习任务后，他会去阅读老师推荐的书目，会去看好的原版电影，听英文歌曲和英文故事。儿子对英语的学习乐在其中。事实证明，儿子的词汇量并没有比别人少，应对中考完全足矣，那为什么还要让孩子每天背高考单词呢？事实也证明，有的孩子因为词汇量大，课外学习了很多高中语法知识，自视甚高，课堂上对英语老师的授课没兴趣，课后作业也是应付了事。也许，短时间看，这样不影响英语考试成绩，但长远来看，孩子失去了最重要的学习力——学习兴趣和学习习惯，这会是巨大的损失。

学校老师感觉学生越来越难教，家长感觉孩子越来越难管，孩子也感觉越来越累，学习成了一件如此辛苦的事情。没有苦哪有甜？“梅花香自苦寒来”，我们小时候都是这样被教育过来的。但现在的孩子不仅仅是身体上的辛苦，精神上的疲惫，影响更深远的是内心的苦痛——自信心的丧失，愉悦感的缺失，自我否定与消极躺平的心态。结果孩子厌学，沉迷于网络世界不可自拔；家长失望，亲子关系与家庭关系风雨飘摇。这一切才是让我们真正担忧的地方。

不得不承认，在自招的这条路上，我们跑不过。好在，老天还给了我们这样的普娃一条活路——中考裸考，拼的是初中四年的积累。最后一枪，跑到终点！我相信，在这条路上，儿子会有很大的收获！

【反思支招】什么是正确的挫折教育?

谈到挫折教育，可能有的家长会联想到一些“苦难”场景，甚至人为地给孩子增加压力。比如，不轻易表扬和肯定、刻意地严格要求等。其实，并不是所有的压力都会变成动力，而且压力的副作用太大，容易给孩子带来抹不掉的心理阴影。挫折教育是必要的，但怎样的挫折教育才是恰当的呢?

首先，我们要了解一个词——“逆商”，挫折教育的初衷就是培养孩子的“逆商”。

“逆商”也被称为“挫折商”，是指人们面对逆境时的反应方式，即面对挫折、摆脱困境和超越困难的能力。那么如何评估孩子的逆商呢？美国著名管理顾问保罗·史托兹建议我们从以下四个维度进行评测。

●第一个维度是掌控力。举个例子，孩子要竞选班干部。这时可以问孩子："你觉得自己有多大把握？有哪些不利因素？对这些不利因素有多大的掌控感？"往往我们越觉得自己能掌控，现实中也就越能掌控。需要做的就是采取行动，因为行动本身就会增强对事情的掌控力，对孩子来说也同样如此。

●第二个维度是担当力。主要指一个人对事情结果承担责任的能力。孩子竞选班干部，可能成功，也可能失败。孩子是否愿意承担失败的结果呢？当孩子担当力的分数越高，说明他们愿意为结果承担责任的能力就越大。当孩子更愿意承担责任时，他们就能更好地应对逆境。

●第三个维度是影响度。如果竞选失败了，让孩子问问自己："这个失败会对我生活的其他方面产生影响吗？"逆商低的人，遭遇一次不顺利的事件，负面影响就可能蔓延到生活的其他方面。所以当逆境来临时，限制它的影响范围是极其重要的。这就要求我们帮孩子学习建立自己的情绪防火墙。

●第四个维度是持续力。在这个维度里面，可以引导孩子问自己两个问题："逆境会持续多久？逆境的起因会持续多久？"同样的案例，孩子竞选失败，孩子会怎样归因呢？如果孩子归因到"自己就不是做班干部的料"，那么困难就会变成灾难。

而如果只是归因到这次竞选准备得不充分，同学们对自己还不够了解等方面，逆境就不再是一个长期持续的状况，而是一个暂时性的挑战。

孩子在成长过程中遇到困难在所难免，有的孩子遇到一点小挫折就会一蹶不振，有的孩子却能够激发自己的智慧和勇气，从而战胜困难。究其原因，区别就在于“逆商”水平。那父母要怎么办？这里给家长几个提示，希望在帮助孩子成长的过程中尽量牢记于心。

1．父母不要故意制造挫折，而是要和孩子一同面对挫折。我们的目的是教孩子如何解决问题，而不是让问题打败孩子。故意制造挫折，是违反孩子心理和生理规律的，也容易影响亲子关系。

2．要在情感上支持、抚慰和疏导。孩子的大脑发育特点，决定了他们没有成年人那么强的挫折承受力。如果孩子觉得父母是跟自己站在一起的，能够对自己的情绪感同身受，可以理解和包容自己，那么孩子会更积极地面对挫折。

3．要教育孩子面对挫折的态度。挫折不是灾难，而是每个人都会遇到的。有受挫感是正常的，而面对挫折找到解决办法才是智慧的。儿童心理学研究发现：每个孩子的个性不同，在进行挫折教育时也要区别对待。尤其对于敏感型和完美型的孩子，父母更要帮助他们降低这种受挫感。

4．最重要的是聚焦于解决问题，化解挫折和困难。当孩子的情绪平和之后，父母要借此机会给他一些建议，分享自己的经验，提升孩子解决困难的能力。

第 9 章　中考过关

【纪实日志】

二〇二〇，终于在 6 月 27 日、28 日迎来了大战的日子。两天瓢泼大雨，从没有过的全身湿透；孩子们戴着口罩，排着长队，量过体温进考场；天气炎热，考场教室紧急装空调，不少孩子穿着长袖外套以防万一。今年的中考，可以说非常特殊。

意想不到一：天公不作美

第一天，闷热。等在考场外面，乌泱泱的人群。找老师找不到，个个戴着口罩，想认出谁是谁，要凭感觉。儿子学校的老师衣着同一颜色，“红”运当头，比较好认。终于，儿子随着队伍走进校园，走进考场。家长们伸长脖子，看着那个方向，心里默默祈祷着。上午语文考试一结束，又下起了雨。本来拥挤的门口，伞与伞上下层叠着，家长的肩膀都湿透了。孩子们出来了，躲在伞下的家长只能各显神通，找寻自己的孩子。有的辨认鞋子，个子高的家长比较省时省力。我是辨认雨伞，因为儿子拿了一把与众不同的橙黄色雨伞。

下午，从酒店出来，就看到乌云密布，大雨倾盆而下。又是一场湿淋淋的奔跑，孩子的心情如何，可想而知。第二天，依然如此，早上的雨大得看不清路。我又一次浑身湿透，衣服都变了颜色，雨伞完全成了摆设，遮得住头就不错了。这两天的中考，儿子脚泡在雨水里，走进开着空调的教室，透心的凉从脚底往上蹿，没感冒真是万幸，不幸的是肚子着了凉。

意想不到二：腹泻上考场

第二天一早，儿子腹泻，忍不住了。还好，学校宋老师帮忙带进教学楼，解决问题。可等在外面的我焦急万分，各种不好的想法冒了出来。我知道，可能是着了凉。我也猜想，是不是早餐的手抓饼太油腻了。我甚至还怀疑，可能与饮食无关，跟压力和紧张有关。大雨中，我徘徊在学校门口，不敢离开。直到开考 30 分钟后，没有消息就是好消息，起码孩子在坚持考试。英语考试结束，看到儿子表情轻松，没有捂着肚子的动作，我的心才放了下来。这就是当妈的，宁愿自己痛，不愿儿子出一丁点儿差池！

意想不到三：题目超简单

每一场考试结束，都能听到孩子们愉悦的声音：“题目超简单！”自然，这对儿子有利也不利。不利的是，简单的中考题，想要拉开分数差距就难了。特别是数理化区分度低，对于擅长文科的学生而言就会非常有利，而对于偏向理科的学生就会非常不利。我儿子，典型的理科生。有利的是，这样的题目难度不会为难我家这样的普娃，中考筛选的是努力不努力的娃，认真不认真的娃，还有心理素质好不好的娃。

意想不到四：感觉很美好，现实很残酷

中考结束，家长群中传来各种估分的声音，600+ 的人数非常多。都说今年题目简单，大家都 600 多分，录取分数线会很高。其实不然。第一关，语文控分严格，近乎严苛。听闻一孩子语文是优势学科，一模都是 130+，中考却 81 分。儿子问了几个朋友，都有失利。第二关，数学答题步骤核分严格。答案是对的，但步骤不严谨要被扣分。东扣西扣，6 分不翼而飞。第三关，英语作文控分严格，基本 10 ～ 15 分。于是，原本信心满满的我们也开始七上八下，孩子想从一所普通初中考进市实验型示范性高中，目标是不是太高了？好像每年能考进那所高中的人也就几个吧。我给儿子不停地做心理建设，如果能进自己学校的高中部也是不错的呀，校园熟悉，老师熟悉，本土作战还是有很多优势的。等着等着，查分的日子到了。一桌子的晚餐儿子吃不下，就等着“开奖”。时间一到，儿子打开电脑，深吸一口气，认真输入号码、密码，我紧张得直接去了厨房，假装拿东西，爸爸也紧张，在厕所里就没出来。等到儿子“啊”的一声，我与爸爸冲到客厅。儿子哭了，抱着我说：“妈妈我考了 590.5 分，上延安应该有戏。”这个分数虽然不是最理想的分数，但考上目标学校是够了。虽然儿子之前的最高分也冲到过四校的分数线，但那只能是梦想，不能是理想。所幸，一切都在理想范围内。

中考是对四年学习的检测，种瓜得瓜，种豆得豆，儿子四年的拼搏和坚持，足以冲到这最后的终点。当然，成功，不全由自己的实力，还有运气！可这次中考的境遇，有幸运也有不幸。幸运的是儿子遇到了好老师，心态比较平稳。

都说中考选拔努力的孩子，高考选拔聪明的孩子。我家儿子很努力，冲过了中考大关，那高考呢？我知道，对我们更大的考验在后面，进入更高一级的学校，我一贯的教育理念是否会遭受更大冲击？孩子良好的学习习惯和学习方法是否还有优势？面临更多学霸、学神的碾压，我要如何帮助孩子、陪伴孩子？未来三年，我只能陪儿子一起接受电闪雷击。

【反思支招】我的孩子是中等生！

放眼上海高中生群体，我家儿子是个中等生，这不可否认，但这不能阻挡我们追求优秀。

中等生是指学习成绩在一定时期内处于中间水平的学生。这部分学生有如下两个明显的特点：一是人数众多，在学生总数中占 40% ～ 50%；二是可变系数大，发展得好将会进入优等生的行列，学习迈上坦途，反之会下滑到学困生的群体之中。所以，中等生是一个有潜力的群体，我也一直跟儿子说他是个潜力股，后劲大着呢。中等生是进是退，关键在于家长如何帮助自己的孩子。

1．调整心态，学会欣赏孩子。中等生最缺少的是关注与欣赏，在学校可能是被忽略的群体，在家就要成为被关注的个体。家长一方面可以借助于老师之口，对孩子提出希望与期待，激起孩子的上进心。另一方面，家长需要与孩子制订合理的目标，让孩子品尝成功的喜悦，获得学习的成就感。无论何时，无论何种情况，中等生的家长对孩子都要抱有“不抛弃，不放弃”的心态，时不时向孩子投以赞赏的目光，让孩子感受到价值感。

2．发现问题，给孩子助力。中等生常常存在一些共性问题。如基础不扎实，存在知识漏洞；做题没有独立自主的精神，缺乏耐心，对答案有依赖；解题技能不熟练，对自己的能力水平存在误判，等等。家长需要帮助孩子发现问题，并有针对性地帮助孩子制订计划，增强执行力，措施落地。举个例子，孩子对于做不出的题目，一方面会依赖电子设备来寻求答案，另一方面会倾向于找同学问答案。家长需要鼓励孩子独立思考，题目做不做得出不是最重要的，养成独立思考的习惯更重要。

3．改善拖延，高效利用学校时间。中等生的自控力往往比优等生差一些，需要用一个闹钟或是一个计划，又或者是一个监督者去督促。上课做到百分百听课，作业百分百完成，同时学校时间做到百分百利用，这是中等生需要努力的目标。把有限的时间充分利用起来，将言语化为行动，中等生的上升空间很大。家长需要给孩子信心，同时更需要让孩子体验成功，促使孩子从他律向自律发展。

4. 合理期待，孩子更优秀。美国心理学家罗森塔尔在一个测试实验中，把一份随机的学生名单谎称为“最有发展前途者名单”交给了校长和老师，并叮嘱他们保密，然而教师们都无意识地表现出对这些孩子的赞许、期待和关照，最终这些学生个个都有了较大进步，这就是著名的“罗森塔尔效应”，也叫“期望效应”。同理，父母对孩子积极、合理的期待，也会对孩子产生积极的影响。

●过高期待，产生压力。父母的期待如果远远超过了孩子对自己的认知和期待，孩子就会产生压力。“我所做的一切都是为了你好”，当父母根据自己的理解把目标和需要强加在孩子的身上时，这种期待很可能会变成一副枷锁，期待越大，失望越大，伤害越深。

●过低期待，失去动力。父母如果期望过低，孩子很容易达到，就会认为这是自己的“天花板”，从而止步于此。同时，长期沉溺在舒适区的孩子，

更倾向于逃避困难和挑战，害怕失败，心理承受力差。

●合理期待要立足于孩子本身。父母对孩子的期待要立足于孩子身心发展特点和条件，不能忽略个体差异，更不能拿“别人家的孩子”做标准。当孩子的爱好和父母的期望不一致时，父母需要尊重孩子，审时度势，给孩子提供相应的条件和支持，帮助其成才。

●合理期待要立足于父母自身。在和孩子设立目标的同时，父母要考虑自己能够提供哪些帮助和支持，如教育观念、教育能力、教养方式、教育资源等，尤其是在习惯、道德、品行、人际关系等方面的目标，父母更要躬身垂范。

●合理期待要与实施手段相匹配。期望孩子有比较融洽的人际关系，父母就要鼓励孩子走出去，与同伴交往，而不是完全剥夺孩子的空闲时间。期望孩子自理自立，家长就要学会放手，当然不是完全撒手不管。希望孩子学习自律，家长就要避免越界，不能过度操控，更不能急躁，要学会静待花开。

第 10 章　未来可期

2020 年 7 月 28 日，中考录取分数线公布，尘埃落定。从 2019 年 3 月 28 日至今，一年零四个月，实打实地、一分一秒度过，起起伏伏，海上风浪不小，临靠岸的时候，还差点被打翻。回首这 16 个月的 480 天，心情澎湃，未来可期！

翻看之前的日记，重温当初的心境，如今只想说："如果可以，我不想让儿子参加中考，不想让儿子参加任何一场这样的考试！"即使我是这样过来的，也是中高考的受益者；即使我的工作曾经离不开考场和考试；即使我深深地明白，儿子的未来摆脱不了"考"字大魔咒。

中考结束，高考倒计时开始了。三年高中，更苦，更累，更磨人！自然，也更加考验我这个妈。

过来人都说，快了，快了，三年后就解放了！可在我的内心，我并不认为儿子考上大学是家长的解放。相反，大学里的学习和生活才是真正的人生起点。当然，前提是我们必须考进大学。

所以，在高中，我依然选择陪在儿子身旁。陪伴，是想告诉儿子，你正在经历的，妈妈都懂；陪伴，是想让儿子无所畏惧，因为有家，有爸妈；陪伴，是更想享受最亲密的亲子关系。儿子长大渐行渐远，我终将看着他的背影放手而去。当下，还在彼此身边，陪伴孩子，孩子也在陪伴着我。

“我与儿子一起拼中考”断断续续，完成十章。文字随着心情起伏，不乏愤怒色彩的赘述，也有我自己对教育状态的一家之言，可能失之偏颇，也可能带着情绪，但我依然不想删减或者粉饰。“儿子，加油向未来！”将是我接下来对儿子高中三年的记录，希望同样精彩！

高中篇

儿子，加油向未来！

写在前面的话：如何做一名高中生的妈

中考结束，随着儿子的录取通知书到手，我也成功地晋升为一名高中生的妈。

翻阅之前岁月的点点滴滴，“我与儿子一起拼中考”可以说真实地记录了我在那个当下的所思所想和真情实感。读着读着，我突然发现，我儿子的初中生活还是挺丰富多彩的，虽然纠结与焦虑伴随始终，但最终孩子遵从本心做了自己最想要的选择。高中呢？我们还能一如既往地特立独行吗？

报到第一天，儿子就深切地体会到什么叫作“一考定终身”！我们不是该校的自招生，无缘实验班；我们中考没有600+，无缘实验班；我们也没有提前学习高中内容，分班考也无缘实验班。结论是：我们要从最底层默默无闻地爬起！班主任一照面，就真实又犀利地告诉我们：过去的辉煌归因于初中学校的普通。如今，进入牛娃云集的市实验型示范性高中，一开始我们就充当了“分母”。看来，未来高中三年的生活，儿子只能用奋斗来着色了。

那么，奋斗拼搏的儿子需要怎样的妈？从底层爬起，经历身心脑层层洗礼的过程需要怎样的妈？有目标有动力却距离甚远的征程中，我要怎样做一个高中生需要的妈？

读过不少成功妈妈写的书，尹建莉老师可以说是我的领路人，陈美龄老师的书也常在枕畔。《小欢喜》这样的电视剧，我也喜欢追；《少年派》自然也不会放过。还有诸多的新闻故事、综艺节目、讲座学习……听得多了，见得多了，渐渐也就明白了——“适合的，就是最好的！”

看看我的孩子，他自律自强，努力好胜；虽然性格偏内向，但稳重，善思善琢磨；人际交往上可能被动一些，属于慢热型，但给人一种高冷感的同时也充满神秘；孩子面临较大挑战时会有一丝退缩，但我们亲子关系良好，我能够及时提供他需要的支持和鼓励。所以，我想，儿子的学习不用全盘过问但需要帮助；生活上要照顾他，以陪伴为主；情感上要支持他，帮助他释放压力、缓解焦虑，以培养好的心态为重。总之，在高中学习生涯中，我从学习、生活、情感这三个方面做好了预设。

预设一：树立小目标，累积自信，储备能量。

牛娃云集，只能潜行。打好基础，练好本领，才能绝地反击。俗话说，半分一操场，那就从一分开始吧！我们入校时 251 名，细细算一算，大目标前 100，一个学期前进 25 名。这目标是否现实，要到期中考试时再具体调整。

预设二：面对困难，经历挫折，建设好港湾。

在外拼搏的人，困了累了，家是一个温暖的归宿。无论在校遇到什么样的人和事，父母都是孩子的避风港，这里可以让孩子得到平静和缓冲。我们有充足的心理准备，上高中可能会被虐得很惨，可能会受到不小的冲击，但我们努力去达成自己蹦一蹦就可以触及的目标。

预设三：妈妈焦虑，孩子无处可逃。

儿子是焦虑型的孩子，不是无缘无故的。家长的情绪对孩子影响极大，焦虑的妈妈会让孩子更焦虑。所以，每天给孩子一个拥抱，用笑脸迎接孩子，用耐心陪伴孩子。高中三年，当妈的就是要给孩子阳光普照般的情感支持，在阴雨连绵的日子里更要抚慰孩子的心。

高中三年，看似我没什么可做的，事实却并非如此。我需要做的是一个更有能量的妈妈，一个更加积极的妈妈，一个充满“父母力”的妈妈！这个目标，可是不小；这个要求，也着实不低呀！想着想着，我自嘲：我这是又给自己下了一个套呀！

加油吧，儿子！你奔向未来，妈妈与你同行！

附：高中三年是怎样的？

高中三年是怎样的？没经历过的家长也许会有各种担忧和顾虑，经历过的家长多半不想再来一次。高中三年，不仅仅是提升学业与成绩的重要时刻，也是孩子步入青年的关键阶段。人生的蜕变，人脉的积累，个人修养的提升，综合能力的提高，经历高中三年的孩子如同“凤凰涅槃”。

1. 高一是“火车头”。从初中进入高中，许多孩子会不适应：不适应高中课程的进度与难度，不适应高中老师的教学方式与管理方式，不适应高中生活紧锣密鼓的节奏。还有的孩子产生极大的心理落差，从初中的“学霸”变成默默无闻的“学民”，甚至“学渣”。孩子会很迷茫，失去方向，失去动力，变得自卑。所以，高一学生的家长需要做的就是提前给孩子打好预防针，如转变初中思维，变被动学习为主动学习，掌握学习的主动权；定目标，做计划，通过执行计划、实现目标去应对高一的各种挑战。

2. 高二是“攻坚战”。高二是很容易出现两极分化的一年，有的孩子终于坚持不住，松懈了；有的孩子咬着牙坚持。所以，高二学生的家长要帮助孩子坚持。“坚持就是胜利”这句话是高二的黄金定律，家长要告诉孩子，成绩忽上忽下都是正常的。同时，高二的孩子随时可能会泄气，家长要使出十八般武艺，给孩子打气，用理想和目标一次又一次地激励孩子继续奔跑。

3. 高三是“角斗场”。高三如同兵临城下，不得不战。高三学生的家长要帮助孩子卸下所有的思想包袱，轻装上阵。首先，家长要有饱满的精神，收起忧虑的眼神，信任孩子，鼓励孩子。同时，在枯燥乏味中帮孩子学会找乐子。其次，高三重在努力，不问结果。往往顺其自然的心态，会收获意外的惊喜。最后，家长要全面配合，关注孩子的动态，既要及时给孩子“点火加油”，又要恰当地给孩子“灭火降温”，灵活应对各种突发状况，做好后勤保障。

第 11 章　高中第一关——住宿 or 走读?

【纪实日志】

进入高中的第一件事情，就是选择住宿还是走读。其实，儿子读的是寄宿制学校，何来选择可言呢？这也许就是“塞翁失马，焉知非福”了。儿子从小就是过敏体质，医生可以开具证明建议走读。这就如同“绿卡”，我们可以申请走读。

暑假期间，我们做了很多住宿的相关准备。从生活用品的采购到生活习惯的培养，从叠被子的军事化训练到洗衣服，事无巨细。班主任家访的时候，告知我们如果是身体方面的原因，可以申请走读。儿子原本紧张的心情顿时放松了下来，当然原本有些期待的感觉也变成了一些些小失落。那我们是用这个“特权”呢？还是放弃呢？好纠结。权衡利弊，最终决定还是先走读一个学期。

首先，进入新高一，应对学业上的压力，适应高中生活的节奏，儿子估计是要经历一番折腾的。从体力到心力，都需要淬炼。然而，儿子性格偏内向、慢热，适应环境的时间偏长，与人交往时比较被动，经常隐忍不发。为了避免所有的压力和紧张一起袭来，我们决定分而“治”之。在走读的过程中，先把高中学习环节适应了，找到自己的学习节奏和方法。因为回家，所以孩子有一个港湾来释放压力和倾诉心绪。更重要的是，可以避免作业没做完却熄灯带来的焦虑，也可以避免凌晨爬起来写作业而招致的睡眠不足问题。当然，别人家的孩子都是这么过来的，乐在其中，我们自然也就与这份体验和乐趣失之交臂。孩子与同学的熟识度低，与同学们会有一定的距离感，不能与同学们讨论问题，不能与同学们肆意打闹，结伴而行。走读生活也不能锻炼他的自理自立能力，回到家中，还是在爸爸妈妈温暖的怀抱中，也许成熟得比较慢，没有这个年龄该有的坚强和担当。是的，选择走读，我们可以避免一些东西，我们也一定会失去一些东西。在这个抉择中，我们着眼于自己孩子的身心健康。

其次，尽量想办法弥补不足。因为儿子走读，所以经常会被同学们忽略和忘记。有的作业，有的班级事务，还有一些零零碎碎的要求，儿子都无法第一时间接收到信息。这时，我不得不说，有微信群真好，可以及时知晓各类消息。看着群里同学们的热络和亲密，儿子感到有几分局外人的味道。因为儿子不热衷于微信群，即使是非常熟悉的初中朋友，儿子也没有相约聊天的兴趣。可能儿子属于“独行侠”这种类型，对于微信群中的“疏离感”倒是自得。在班级里，儿子最大的便利就是可以出校门，为同学们带物品。于是，就有同学主动走近儿子，让儿子帮忙带一瓶可乐，带一包纸巾，带一些文具用品，等等。我自然也就成了儿子的“采购助手”，每天都有一份清单，儿子的书包也增加了一种功能，我们也不得不一而再再而三地帮儿子换大书包，甚至是更大的拉杆书包。儿子为同学们服务很开心，帮助同学们的同时，也密切了和同学的关系，增进了友谊。

最重要的是，儿子学习的节奏真的不太适应住宿。如果只是完成书面作业，儿子也可以在学校熄灯之前完成。但那不是儿子学习的全过程，加上复习环节、集错环节、拓展环节以及阅读书目的环节，儿子每天的学习时间大大超过学校规定的时间。有一天，儿子结束所有的学习任务已至晚上 11:30，我有些生气，也很焦虑。怎么会这么慢呢？为什么人家孩子在学校就可以早早地完成作业呢？我也会时不时触碰“别人家孩子”这个禁忌，不停地催促儿子。儿子很累，会埋怨，为什么呀？周末的晚上，我与儿子静心谈一谈，发现真的是不能用别人家的娃来做参考。有的娃速度很快，因为外面补课的缘故，对知识非常熟悉，作业完成得很快；有的娃在课上偷偷地赶作业，可能也是因为会，所以不听课的吧；还有的娃，主次很分明，只做他自己想选择的六门主课作业，其余的科目全部都在抄答案，一天下来，课间十分钟完全可以解决所有的副科作业；当然，也有动作慢的孩子，那就只好第二天凌晨早早起床到教室赶作业。参考下来，这几种情况没有一种适合儿子。最理想的就是速度快的孩子，无奈人家是复习课，我们是新课。人家是路上的老司机，速度快还认识路。我们是新手上路，还要处处担心违规被罚，千万不能成为“马路杀手”！对照下来，是不是我们也要去机构补课呢？与儿子细细商讨下来，不适合，因为儿子属于学后巩固的孩子，不属于超前补习的娃。儿子不愿意放弃学校的主阵地和自己的学习主动权，想想这也没错。

世上的事真的没有十全十美，就看你要什么。每一种选择都有独特的路途要走，都有特定的结果要承受，或好或坏，都不能抱怨或者后悔。就像我跟儿子探讨的，你选择了走马路，就不要盯着高架桥上的车辆。你要经历一个又一个的路口和红绿灯，你还要有等待的心态，接受不及别人的状况。反之，你就跟随别人，挤上高架桥，在如同停车场的高架桥上拼车技，拼速度，拼运气。如果行驶在马路上，眼睛盯着高架桥，你会有危险，心态会崩；如果行驶在高架桥上，看着马路上的车辆，你也会有危险，心中纠结，都不好过。所以，既然选择了在马路上慢慢前行，那就好好享受这一路的风景，终会到达目的地，只是早晚而已！

【反思支招】孩子一定要住校吗?

孩子一定要住校吗？不同的家长有不同的答案，因为不同的家长有不同的需求和考量，有不同的培养目标和育人理念。无论如何，家长首先要学会与孩子处理好亲子关系，才能万事好商量，反之则会话不投机半句多。

家长要学会与孩子有效沟通，了解一些与高中生沟通的原则。高中生与初中生不同，他们更加独立，有自己的思考，更加看重自我体验感。高中的孩子学业压力更大，更需要被理解和接纳，更需要被尊重和认可。

原则 1. 对孩子的“不开窍”提出中肯的建议。与初中生相比，高中生对于父母的话更倾向于当作“耳旁风”，虽然可能听不进去，但孩子是听到了的。如果父母总是感觉孩子不成熟，还没长大，急着撬开孩子的脑袋，会加剧孩子的逆反心理。其实，高中生不会盲目地屏蔽家长的建议，而是会在探索自我的过程中参考家长的建议，所以中肯的建议与尊重更能让孩子理性思考。

原则 2. 尊重孩子的“自作主张”。高中生与初中生不同的是他们的思维更加理性，自己的事情倾向于自己做决定。与此同时，青春期的成长伴随着矛盾与冲突，孩子一方面要自己做主，另一方面又会时不时地对自己产生怀疑，究竟自己的决定是对是错？所以，在父母与孩子约定的范畴之内，要鼓励孩子去尝试，去体验，去思考。遇到问题与困境，再与孩子一起探讨，引导孩子自己做出修正。

原则 3. 接纳并引导孩子的“批判精神”。高中生经常会对父母嗤之以鼻，对朋友指手画脚，对老师或他人进行批判，这不是孩子在吹毛求疵或者标新立异，而是在运用自己的思维，发展自己的思考能力。孩子通过批判的方式进行思考，彰显独立个性的同时，也在发展自己对世界的认识。所以，在孩子三观形成的关键期，家长要做的不是堵，而是疏。对于孩子提出的建议，合理就接纳，不合理可以与孩子讨论，顺势引导孩子更理性更多元地思考。

带着以上这三点原则，我们再来看是否住校这个问题。央视名嘴白岩松曾说：“打死我也不让孩子住校。”当然，也有很多家长觉得住宿挺好的，解决了许多让家长头痛的问题，比如手机问题、起床问题、作业问题等。那么，对于高中生来说，就把这个问题的决定权交给孩子吧。

1. 做好充分的“分离教育”。“分离焦虑”是孩子离开父母后经常出现的一种焦虑反应，越是依赖父母的孩子，“分离焦虑”越明显。家长需要提前对孩子做好充分的“分离教育”，如让孩子自己的事情自己做，锻炼生活自理能力，培养良好的生活作息习惯。在人际交往上，鼓励孩子多与同龄人相处，学会去发现同伴身上的优点，有容乃大。多参加一些集体活动、社会实践活动、拓展训练等，逐渐减少孩子对进入陌生环境的恐惧感，使孩子尽快适应和融入新集体生活。

2. 学会给孩子做“心理按摩”。“心理按摩”主要是指通过言语暗示来引起内部心理状态变化，达到机体松弛的作用。住校前，家长可以与孩子聊聊自己的住校经历，讲讲住校生活独有的趣味故事，引起孩子对住校生活的好奇与向往。住校后，家长也不能做甩手掌柜。当孩子遇到困难与不开心的事情，如宿管阿姨的严厉态度、室友之间的矛盾、学业上的竞争与压力，以及师生之间的冲突等，而向父母倾诉时，家长要学会倾听与引导，理解孩子的感受与想法，引导孩子自我意识的良好发展。家长不焦虑，孩子才坦然；家长不逃避，孩子才会更有担当。

3. 不强求，不骄纵。以孩子的身心健康为出发点，具体问题具体解决。如果孩子只是出现不良的生活习惯、人际关系冲突等需要做出调整的“轻量级”问题，家长要温和地坚持，鼓励孩子去面对问题而不是逃避困难。如果孩子出现了严重的身心健康问题，如长期焦虑失眠、情绪低落哭泣等，请给予孩子积极关注，不强迫孩子住校。如果孩子自控能力差，频频违纪，总是被老师批评、被同学嫌弃，这样的环境也容易让孩子自暴自弃，建议家长主动与学校沟通协商，找到更适合孩子的生活环境和学习方式。

第12章　高中第二关——时间都去哪儿了？

【纪实日志】

高中入学第一周，老师说刚开始不会布置什么作业，但儿子每天几乎要学到晚上10:00左右。第二周，老师说开始慢慢加作业，儿子奋战到晚上10:30。第三周，“周周爽”的考试开始了，九门功课齐上阵的架势拉开了，儿子每天在与时间赛跑，却总是被无情地甩在后面。老师说，这还没有进入高中的状态，估计要完全适应高中的节奏，得到期中考试吧！

仔细想来，儿子虽然不是快手快脚的娃，但从来也不是拖拖拉拉的娃。我亲眼见证儿子吃早饭背单词，上厕所在腿上写作业，入睡前还要听英语，这期间的利用率不说百分之百，百分之八九十是有的。每晚陪着儿子连续奋战5个小时，我终是忍不住也憋不住了。这比初三的节奏还恐怖！与初三相比，这高一的节奏和强度才叫一个“魔性”。

我告诉自己，要静静。是在学校的碎片化时间没有利用吗？不是！儿子说，连喝水都不敢多喝，就怕上厕所浪费时间。那是上课没有认真听，所以题目不会做而拖延了时间吗？似乎也不是，儿子说题目不是很难，基本上都会做。那是作业的量太大了吗？也不可能啊！因为其他同学几乎都是在宿舍熄灯前完成所有作业的呀？真的是一头雾水。没办法，只好自己从儿子学习的每个环节来找问题，以周三晚上为例：

5:15 到家，洗澡，洗内衣；

5:40 吃晚饭；

5:50 休息十分钟，做眼部护理；

6:00 开始写作业，复习数学、物理、化学、英语、生物、地理，补齐笔记；

6:40 写数学作业；

7:50 数学作业完成，写物理作业；

8:25 物理作业完成，写化学作业；

9:00 化学作业完成，休息 5 分钟；

9:05 写英语作业，背英语单词、课文；

10:30 英语作业完成，写语文作业（宿舍已熄灯）；

11:00 语文作业完成，写生物作业（在学校完成部分，还剩 4 页）；

11:30 生物作业完成，写地理作业（在学校完成部分，还剩

3 页）；

12:10 终于爬上床，睡觉！

儿子秒睡进入梦乡，儿子鼾声乍起，我正式进入失眠状态。

好累呀，好心疼！

怎么会这样？看着自己记录的时间，我一个一个地琢磨：

去掉地理、生物作业，也要到晚上 11:00！后来得知，之所以没有在课间完成这两门作业，是因为在下午这两科的作业本发得晚了些，就影响了进度。好在儿子还在上午的课间做了信息作业和历史作业以及各科目作业的订正。想想，这似乎也没毛病！

如果去掉回家后 40 分钟左右对各学科内容的复盘，是不是就省出时间了呢？儿子说，这些笔记上的内容很重要，必须先复习！我没办法反驳，因为我是认同儿子的学习流程的。

那英语单词和课文的背诵可不可以分批进行，每天背一些呢？反正老师周五才会抽背和默写，对吧？儿子担心，后面几天作业不会少，如果没有把时间匀给背书，自己就无法确保进度了，绝对不能心存侥幸！

那其他同学是怎么做的呀？宿舍熄灯那么早，又不允许熄灯后宿舍有亮光。儿子问过同学们，说有的是凌晨爬起来补作业，有的口头作业就应付一下，只求不重默就行！还有的同学，历史、地理、生物是直接抄答案的。

我很没底气地问儿子：“那你也试试呗？只当权宜之计，

等周末的时候，再回头补做一下不就行了吗？”儿子摇头，坚定地说：“不行！我没做好，心里不踏实！”

我已经自告奋勇地把抄错题的任务接了过来，现在还有哪些是我可以帮忙的呢？对，我可以打印资料，我还可以帮儿子倒水，虽然他一晚上喝不了几口水，但是我也得时不时地添点热水。

最后，儿子很难过地说：“妈妈，我没时间预习第二天的内容，上课的效率会不会受影响啊？”

“不会的，儿子，只要你认真听，主动思考问题，不懂就问，就不会影响学习的。”我跟儿子保证着，但内心有另外一个声音：“怎么不会？如果没有预习的过程，那么如何带着问题听课？怎么听得有针对性，有的放矢呢？”我感觉自己已经分裂了。

我该怎么帮助这么努力又这么辛苦的儿子呢？

我掌握的有关学习的理论都在告诉我，儿子对学习的理解和流程安排是合理的。每天学习的知识需要消化，需要复盘，然后再用题目进行“实战演练”。对自己学习情况的反思需要时间，对所学知识的脉络整理也需要时间，对第二天所学知识的预习和问题发现，更需要时间。除了做题的环节可以说是快速的，其他的学习环节都是需要时间和放慢节奏的。可偏偏这点时间无论怎么分配，都会捉襟见肘！

更让我担忧和焦虑的是，孩子对于学习这件事情出现了厌烦和抵触的情绪。用儿子的话说：“每天一睁眼，就马不停蹄地写呀、背呀，一直到睡觉。连续三周21天，没有一天是轻松的，没有一天是睡到自然醒的，哪怕想看闲书的时间都没有！”儿子就像一根橡皮筋，已经被拉得太紧了。可是他没办法松弛下来，害怕松弛一会儿，要花更多时间、费更大力气才能跟上节奏和强度；他更怕，一旦松弛下来，自己就没有勇气这样像上了发条的齿轮一样继续连轴转了！

儿子的话有抱怨的成分，有情绪宣泄的成分，但也是在告诉我：“妈妈，我好累，好想休息一下！”于是，周五晚上决定作业不做了，带儿子去看了一场电影，放松一下。第二天又让儿子睡了一个懒觉，8:30才起床。

然后，儿子害怕的事就成真了！整个周六、周日忙得人要飞起来了！儿子的眼神更加凄苦，内心估计悔得肠子都青了吧！我这个妈，似乎是帮了倒忙。本想着让儿子好好放松一下，没想到，反而拖了他的后腿！

著名教育学家苏霍姆林斯基说：“只有当孩子每天能按自己的愿望随意使用不少于5～7个小时的空余时间，才有可能培养出聪明的、全面发展的人。离开这一点去谈论全面发展，谈论培养素质、爱好和天赋才能，只不过是一些空话而已。”看到苏老的这句话，我好想哭，好想控诉，好想一吐为快！

可是……我只能陪着儿子游走在悬崖边缘，冒着随时有被挤下深渊的风险，踟蹰前行！

【反思支招】如何帮孩子找到自己的学习节奏？

生活在当下纷纷扰扰的社会里，有人会被带偏节奏，有人会坚持自己的节奏不被打乱。什么是节奏？在心理学中，个体在特定时间段内所经历的一系列事件和活动，按照一定的顺序和规律进行，形成了个体的节奏。

1．节奏与压力的关系

节奏对个体的压力感受有着重要的影响。过于紧张和繁忙的生活节奏会导致身体和心理承受过度压力，如疲劳、焦虑、抑郁等。保持适当的节奏，合理安排时间，可以有效地减轻压力。所以，根据自身情况合理规划生活和学习，合理分配时间，安排恰当的内容，不因他人而影响了自己的节奏，这对于高中生来说很重要。

2．节奏与情绪的关系

节奏对个体的情绪有着重要的影响。舒适的节奏可以促进积极情绪的产生和维持，例如有规律的生活节奏可以给人带来安全感，而杂乱无序的节奏会导致焦虑和压力。更严重的是，不适当的节奏可能会导致持续低迷的消极情绪，学习效率低下，继而使得消极情绪无限循环，导致各种心理疾病。

3．节奏与学习的关系

节奏对个体的学习也有着重要的影响。保持适当的学习节奏可以提升学习效果，提高学习效率。相反，不适当的学习节奏可能会影响学习效果和效率。例如，合理安排学习时间和计划可以帮助个体更好地掌握知识和技能；适当的休息和放松也可以帮助个体更好地恢复精力和提高学习效率。反之，过度紧张的学习节奏可能会导致疲劳和注意力不集中；缺乏规律的学习节奏可能会导致知识掌握不牢固和学习效果下降。

4. 节奏与人际的关系

节奏也是人际交往的一个话题，是否要迎合他人而放弃自己的安排，是否要保持自我而拒绝朋友，对节奏的把控也会对人际交往产生重大影响。适当地安排自己的时间和活动可以更好地与他人沟通和交往；同时理解和尊重他人的时间和空间也可以维护良好的人际关系。

因此，每个人都应该根据自己的需求和情况来掐准自己的生活节奏，制订自己的计划。那么，对于高中生来说，如何把控自己的学习节奏呢？

1. 了解自己的学习方式，制订自己的学习计划。每个人都有不同的学习方式和偏好：有的人是听觉型，擅长用耳朵学习；有的人是视觉型，擅长用眼睛学习；也有的人是要靠手靠脚来学习，即动手实践。根据个体的学习方式，制定自己的SMART计划，帮助自己保持学习的方向和节奏感。

2. 创造适合自己的学习氛围。有人喜欢安静的教室，有人喜欢有背景音乐的咖啡厅，还有人喜欢戴着耳机，每个人都有自己的沉浸方式和环境需求。所以，选择一个适合自己的学习环境，创造良好的学习氛围，能够帮助自己专注于当下的学习，提高学习效率。

3．调整学习强度并予以坚持。学习需要时间的积累才能有成效，学习更需要脚踏实地的实践才能见真章。合理安排自己的学习时长以及学习内容的难易度，一方面要避免过度疲劳和过度压力，给自己留有弹性时间和空间；另一方面坚持学习的重要环节，如复习、集错和练习等，不要只看眼前的一点利益，要用长远眼光来看待自己当前的学习动态。

4．相信自己并保持积极心态。每个人学习都有自己的节奏，要相信自己的设计与安排，持续做功。如果遇到问题，可以请教或是参考他人，但要避免立即否定自己，进而影响自己的良好状态。要保持对学习的积极态度和信心，坚持自己的节奏，攻克自己的难题。

第 13 章 高中第三关——月考

【纪实日志】

对于高中生来说，月考并不陌生。初三就是这样走过来的。若说不紧张、不担心，那一定是假话。

国庆节后返校，高中就举行了很正式的月考——停课考试，一天三门主课，其他科目第二天随堂测。竟然还有准考证号码，安排了专门的考场，同时机器阅卷，网上查阅分数和进行意见反馈。整个流程非常专业，很有仪式感。

转眼间，一个周末结束，三门主课成绩下来了。整体而言，用儿子的话说："缘——妙不可言！"从小学到初中再到高中，儿子一直都在五班，此谓第一缘；从小到大，儿子的数学老师都姓陈，此谓第二缘；考试班级第二，"千年老二"，此谓第三缘。缘，妙不可言！儿子一出生就与"2"这个数字有特别的缘分，这也许冥冥之中就在告诉我们，莫强求，第二也很好!

高中入学以来的一个月时间，儿子各个方面都处于适应的过程中。从学习流程的调整到时间管理，从紧张的学习节奏到强大的学业压力，这一个月可以说累得很，烦得很，也沮丧得很。最让我和儿子抓狂的是，每天晚上 5 个小时左右，几乎 11:00 之前从未完成过作业。中间休息几乎没有，就连喝一口水都要妈妈提醒。写完作业，肩酸头痛手抽筋，爬上床，想想如此雷同的第二天，儿子说：“妈妈，我好累呀！”

每天除了完成作业，已经没有空闲，挑选了一堆教辅资料，却找不到时间去钻研。儿子听说班级里的同学每天有时间刷题，他好生羡慕；住宿的孩子每晚 10:30 睡觉，儿子也好心动。无奈的是，儿子不敢住宿，担心自己的学习节奏慢，住宿会产生很多问题。他宁愿牺牲睡眠时间，也要确保学习质量。我这个当妈的，每天看着儿子熟睡的脸却了无睡意。我每天都在反思当天做作业花费的时间。我每天都在困惑：究竟是哪个环节费时了？究竟怎么做才能让儿子也享受一下 10:30 睡觉的“最惠”待遇？但最后也是枉费心机，徒呼负负。

之后，我与儿子妥协了，没办法的办法就是顺其自然。没有时间学课外的，那就把课内的学好；无法做到在 10:30 睡觉，那就 11:00 秒睡；没办法在短时间内提速，就要提高准确率，把会做的做掉，做过的要做对。儿子曾经很痛苦，速度与准确率真的是互相矛盾的吗？提了速度，就错一堆；有了准确率，速度就会慢。也许对于其他孩子而言，可以做到又快又对，可对于儿子而言，只能在两者不可兼得的情况下，择优而选——准确率。当我们不必再纠结于时间和速度的时候，内心的痛苦会少一些，孩子学习的压力也会减轻一些。

孩子依然在努力，何谈真努力还是假努力？最近看到一则广告："没有效率的努力是假努力！"换言之，努力了，就必须见效，而且是好的效果。对于学生而言，努力学习了就要取得优异的好成绩，否则就是不努力或者假努力。接着，广告就会植入所谓的方法、思维、解题技巧等概念，帮助你解决"假努力"的问题。姑且不谈学习方法，就学习努力而言，回顾自己的学生生涯，我的经验告诉我：努力就是努力，没有所谓的真假。如果你对一个很努力却没有取得良好成绩的孩子说，他的努力都是虚假的，是不值得被尊重、被肯定的，那么对于孩子来说，这是多么难以接受的打击！我宁愿告诉孩子："你的努力，妈妈都看在眼里，如果做些调整，也许离自己的目标会更近一步！"

所以，一次月考，一段时间的折磨和自伤，我与儿子明白了一个道理：走自己的路，让别人在"高架"上"开车"吧！既然选择了这种方式，那就开开心心地努力走下去！

【反思支招】今天说说刷题这件事。

刷题对于一个学生来说，简直是如同吃饭睡觉一样的存在。它重要吗？要刷题吗？怎样刷题才有效呢？

现代脑科学研究发现，人在出生7个月左右后，脑细胞的数量基本就已确定，在100亿～150亿这个区间范围之内。但是脑细胞之间的连接，在一生之中的任何时期都可以发生。只要对大脑进行有效训练，就可增加神经元细胞之间的连接。既然大脑在后天是可塑的，那么我们就可以通过刻意训练重塑并优化大脑，提高知识水平。刷题是一个备选项。

桑代克在他的学习定律中也强调，孩子学习需要通过多次练习才能使反应与刺激有效结合。刷题就是反复练习的一种，“一万小时定律”也强调了这种概念。但是，反复刷题这种刻意练习有一个最大的障碍就是难以坚持，家长如何帮助孩子科学刷题尤其重要。

首先，家长需要了解两种不同类型的驱动力。人们在从事某项活动的时候，通常会受到两种激情的驱使。一种是孩子对自己的活动没有控制感，迫于压力不得不去做，这是一种偏执型激情。这种驱动力下的刷题对孩子而言是可以坚持的，但也是很容易颠覆的。另一种是孩子自己有掌控感，他们可以选择喜欢的内容，而不是被迫的，这是和谐型激情，对孩子有很大的督促作用。家长需要放权给孩子，让孩子自己选择刷题内容、安排刷题时间和把握节奏，这样可以让孩子在刻意练习的路上走得更顺畅。

其次，刻意练习还需要做好打持久战的心理准备。如果孩子出现情绪上的阻抗甚至极度厌烦，那么家长需要有足够的耐心，陪伴孩子坚持下去。一方面，理解孩子的疲惫和烦躁，另一方面与孩子一起找原因，探索解决问题的路径。家长需要引导孩子关注过程，对结果合理期待，多鼓励，多肯定，多帮助。

记得某热播综艺栏目中有一位妈妈与大家分享自己的教育心得，她很自豪地说假期里孩子刷了270份考卷，7本大题，50页自打卷。这位妈妈说，孩子刷题是很有成就感的。但是，不同的学科内容刷题的方式不同，不同的孩子刷题的技能也有差异。不带目的地刷题，只是单纯追求时间长度和做题数量，可能会让孩子的水平停滞不前，甚至由于情绪等原因而消极厌学。所以，刻意练习需要注意以下几点：

第一，刻意练习发生在舒适区之外。诺尔·迪奇将学习划分为三个区域：完全掌握的区域是舒适区；没有完全掌握，内容有挑战的是学习区；超出自己能力范围太多的学习区是恐慌区。我们要看一下孩子当下的学习发生在哪个区域。处在舒适区不会让孩子能力得到提高，而处于恐慌区则会逐渐消磨孩子学习的积极性。只有处在学习区的反复练习，才有助于孩子提升能力。

第二，刻意练习需要有效的反馈。在进行反复练习的过程中，有效的反馈非常重要，这样孩子才能调整和改进。给孩子反馈，一定要明确告诉他做得好的地方是什么，可以改进的地方在哪里。同时，多鼓励少批评，反馈越具体越好。更重要的是，引导孩子逐渐养成自我反馈的习惯，学习才能更主动、更自律。

第三，防范“努力陷阱”，做到高效练习。练习是学习必不可少的环节，家长都希望孩子能够专注细致，高效练习。但是很多孩子会掉入“努力陷阱”，用战术上的勤奋，掩盖战略上的盲目。孩子每天花大量时间练习，看上去很用功，很努力，却收效甚微。如何引导孩子高效练习呢？跟大家分享高效练习的“4s”法则：即 simplify（简化）、small（细分）、short（缩短）和 slow（放慢）。

●简化（simplify）。把大目标拆分成几个小目标，每次只聚焦于一个小目标，这样就会产生动力，获得成就感，精神也不会疲惫。

●细分（small）。在简化的基础上将小目标“切割”成一些更小的部分，专注于细分目标，提高练习实效。

●缩短（short）。目标被细分之后，要缩短任务的时间。比如 30 分钟内，只专注英语单词记忆，时间一到就停止。在高效练习的过程中，孩子有了时间限制就会更加专注。时间一到就停止，这也有助于孩子形成对时间的感受力，从而更有掌控感，不会盲目行动。

●放慢（slow）。这个放慢不是动作迟缓，放慢是心理要平静。做事情的时候心无旁骛，保持平和的心态。如果孩子练琴时家长训斥指责，那么孩子在内心带有情绪的情况下练习，只会越来越心生厌恶。如果用一个孩子特别期待的愿望引导孩子，那么孩子也会因为太过关注结果而忽略过程中的“心流”体验，这样也很难对学习产生兴趣，只会感受到压力。

第14章　高中第四关——家长会

【纪实日志】

人的一生中经历过多少期中、期末考试，你算过吗？每一次考试，就是一次身心大考验。升入高中，耳边听到的都是××牛娃、××大神的事迹。我们家长心里的自我评估就会受影响。在“众生”的“喧哗”声中，我与儿子定下了高中目标的“起跑线”——争取学校前100名以内。

高中的期中考试，可以说是儿子第一次体验到三天连续九门功课考试的强度。用儿子的话来说，就是“换频道都来不及”。脑子里还盘踞着刚刚结束的历史考试题，马上就要切换到浩大无边的物理思维空间。下午继续转场，进入地理考试的开阔天地。这三天，新的体验也是新的起点。

考试结束，儿子不敢抱太大的希望，只是安慰自己：会做的都做了；不会做的，能蒙的也蒙了；不能蒙的“果断”放弃了，那就 OK 了。由于机器阅卷神速，儿子还没到家，几门功课的成绩就已经上线。周一返校，儿子拿到最终结果，还不错，圆满地实现了目标。有点兴奋，也有点小傲娇。原来，自己与那些佼佼者之间的差距并不是太大，还是有可能颉颃高下的。这一周，儿子都沉浸在自信与快乐中，直到周五的家长会。

高中的家长会也有别于初中。任课老师就像摆摊一样，固定一个地点，家长自行选择会谈的老师。毕竟是高中第一次家长会，只知道老师姓什么，却不知道是哪一个。家长们就在人群里钻来钻去，打听着，排着队，听着前面家长与老师的对话，想着自己的问题。终于在某任课老师的队伍中，我成为排在第二位家长了。正在与任课老师聊的家长是实验班的，我后面的家长也是实验班的。也就是说，我们平行班的任课老师同时兼任实验班的老师。这样想想，还是挺满意的，起码说明师资力量不错。紧接着，我就越听越紧张，越听越消极，心情渐渐跌落到低谷。实验班的妈妈问：“我们与平行班的上课内容有什么区别吗？”又问：“我们为什么要跟平行班的孩子考一样的试卷呢？”老师笑了笑，让妈妈放轻松，别担心。因为这次试卷内容向平行班倾斜，照顾平行班孩子的感受，毕竟是第一次高中大型考试，总不能考得太难看。实验班的孩子因为题目太简单，马虎粗心了一些，这也正常。“不过，慢慢地，实验班与平行班的差距就会拉开了。”一前一后的实验班家长会心地点了点头，我真后悔自己怎么就排在了这个位置。如果有个地洞，我想我可能会选择遁走。终于，前面的家长走了，我坐下了。脑子一片空白，所有想问的问题不翼而飞。

以往，听到老师表扬我家孩子努力认真又刻苦的时候，我的内心是由衷的自豪。可这次，同样的评价，我听在耳朵里，却很不是滋味。不逼儿子去读课外辅导班是不是错了？没有学过自招，错失初升高进入实验班的机会，会不会毁掉了儿子的大好前程？同样，到高中了，课外补习更加疯狂，我们这样另类的学生，会不会在高考中败北？儿子依然习惯自主学习，养成了跟随学校老师稳扎稳打的学习风格，现在“入乡随俗”，会不会打乱儿子的阵脚，得不偿失？我真的好纠结，我又一次焦虑了。

回到平行班的教室，氛围缓和了很多。平行班的任课老师，没有一味地让我们去补课，而是中肯地说：“根据个人需要，学校吃不饱的，可以校外拓展；学校学不会的，也可以校外补习，查缺补漏。”恰恰，我们不是这一类。儿子跟随老师的脚步，有紧张感，有收获，回家完成作业的过程中还是需要好好思考，并没有像那些课外补习的孩子，题目拿过来就会做，那样的轻松我们不曾有过。有时候，儿子会羡慕同学动作快，有时间刷题。可是，儿子又不愿意进入同学那样的学习循环中。儿子放学回来，总是会说：“某某同学上课都不听的，就自己在下面写作业”“他们作业很快就完成了，晚自习的时候就做补课机构的作业，自己刷题，效率很高。”这就是“别人家的娃”，儿子却又不愿成为“那样的娃”！

家长会，我欢欣鼓舞地去，偃旗息鼓地回。一路上，我的大脑不受控制地自我思索。今天的孩子，不止一个学校，相当多的孩子有两个“学校”，甚至三四个“学校”。而我们身处这样的大环境中，只读一个学校，究竟是福是祸呢？不知为什么，我心里总有一个声音：今天这样急功近利的学习状态，积习难改时教育会走入穷途末路。

回看自己这个妈，想想自己那还拥有梦想和努力奋斗的儿子，我决定遵从本心，从己出发。未来总是充满各种不确定，那就做自己想做的。看过程，孩子拥有学习的能力和生命的能量比什么都重要；看结果，孩子的收获和成长，绝对不是分数可以代表的。作为家长，我要抬头看向远方，我的孩子才能始终向阳而生。

【反思支招】你害怕开家长会吗？

孩子最怕开家长会，家长也害怕开家长会。其实，许多老师也会担心，由于家长不能准确传达家长会的信息，而对孩子造成负面影响。美国心理学家艾伯特·梅拉比曾提出一个著名的沟通定律——“55387”定律，即决定沟通效果的55%是视觉，38%是听觉，7%是内容。那么，家长怎样利用家长会这样一个契机，与孩子进行更有成效沟通呢?

首先，慎重选择沟通的内容。家长不是教师的代言人，更不是教师评价的“搬运工”。家长会上听来的内容，包括教师对孩子的评语，以及家长们之间沟通的信息，都需要家长进行筛选。哪些内容是重要的，哪些是对孩子有积极意义的，哪些纯属个人观点，哪些只是老师或其他家长的情绪表达，这都需要甄别之后再反馈给孩子。一次成功的亲子沟通，合适的内容必不可少。

其次，升级自己的沟通方式。即使老师对孩子的评价是负面的，家长也需要用正面的方式进行转达，“老师希望你能……”家长不妨使用沟通三部曲：倾听（听孩子的想法和感受）—接纳（理解孩子的感受，接纳孩子的不完美）—协商（与孩子一起想办法，解决问题）。

最后，调整好心态再沟通。正所谓相由心生，家长眉宇之间的忧虑或愤怒是骗不了孩子的。心态不好，脸色就难看。所以，家长会后，家长要第一时间调整好自己的心态。有一个著名的“半杯水实验”：一个人说“我只剩下半杯水了”，另一个人则说“我还有半杯水呢”，心态不一样，接下来所采取的行动自然不一样。分数不理想，家长需要看到孩子上升的空间；行为有偏差，家长需要发现孩子内心真正的诉求。亲子沟通能够取得实效，家长的心态至关重要。

有家长很容易陷入充当老师的“传声筒”的误区，甚至在家庭生活中都扮演着老师代言人的角色。家长会上，老师与家长沟通的内容，有的家长会将之转化成怒火，发泄在孩子身上。其实，家长会的真正用意在于家校合作，合力育人。学校无法在日常教学过程中发挥的作用，希望家长能够在家庭教育中做好补充与辅助。所以，家长不仅仅要会和孩子沟通，还要会和老师沟通。

首先，沟通要主动、及时。“今日事今日毕”，有问题需要主动并及时地沟通，避免不必要的误会，小误会导致大冲突。

其次，沟通要会找准时机。先真心问候，再开始对话。交流时，如果发现老师正在忙碌或情绪不好，应该随机应变，适可而止，或另约时间。一般10分钟左右为宜，避免长篇大论。老师工作了一整天，如果下班时间频频接家长电话，确实也会倦怠，所以不要频繁联系，也不要在晚上10点之后联系。

再次，沟通方式要根据轻重缓急来选择。最重要、最紧急的事情，应该直接打电话沟通。一般的事情，可以用微信或家校联系本等方式。尽量不要使用语音，尤其是不要用长语音，而应使用文字。

最后，沟通时要正面询问，不拐弯抹角，聚焦于解决问题。比如，家长希望孩子从语文拓展班调整到数学拓展班，可以直接告诉老师自己的需求和想法，请老师尽量满足，而不是旁敲侧击地说：“我家孩子语文成绩不好，但是数学成绩也不太好……”老师并不明白家长的真实想法，以为打电话就是为了解孩子的学习情况，浪费彼此的时间，还容易造成误会。最重要的是有事说事，不要把老师当成宣泄情绪的对象。一定要注意有话好好说，多一点鼓励和赞美，传递正能量，更容易解决问题，达成共识。

第 15 章　高中第五关：学业与活动

【纪实日志】

在我的教育理念中，从孩子入学开始，学校的活动是很有必要参加的。尤其是我家这样偏内向、人际交往比较被动的孩子，多参加学校活动更是有利的。从小学到初中，根据孩子的兴趣和特长，孩子参加了各类航海、航天活动，还有民乐团。可以说初中的生活丰富多彩，孩子的感觉也非常不错。虽然忙碌，也经常在学业与活动之间纠结，时间与精力总是被拉扯，但总体而言，获益匪浅。

进入高中，学业与活动之间的冲突更大了。学校有许多孩子喜欢的社团，如天文社、航模社、乐队等，但因为儿子被吸纳进了民乐团，没办法再匀出时间和精力给其他项目。参加民乐团，是因为孩子有打击乐的特长，再加上有综评加分的优势，所以放在首选项中。问题是这不是孩子最喜欢、最想要的，所以经常听到孩子的抱怨：民乐团的训练很多，会占用很多的业余时间，同时他在民乐团中属于“不起眼的螺丝钉”的角色，虽然少了他不行，但却不在C位。直白一点，就是孩子被需要，却不被重视。

众所周知，高中的学业非常忙碌，压力很大。十门功课，门门重要。孩子们课间十分钟都是赶作业的状态，从早晨到放学回家，精神高度集中。大脑就像是装了马达的机器不停地运转，不管顺不顺滑，也不顾卡不卡顿，硬转。回到家，从晚上6点到11点，是每天写作业的时间。别说孩子，就是成年人这样如陀螺一般地转，也会烦躁。如此这般，再加上学校的各类活动，作为家长，我真想上手直接替代孩子去干活。

除了民乐团的固定训练与演出、比赛，还有学校的运动会、红歌会、拍卖会，以及各种节日活动。对于学校而言，活动都是常规内容。对于孩子而言，只有两种身份——参与者或组织者。儿子做事积极，每一项活动都是任劳任怨。做运动会志愿服务，组织红歌会排练，还要配合老师拍摄MV。儿子属于技术流，PPT、视频剪辑、后期制作等任务接二连三地安排过来，他无法拒绝，只能挤出时间去完成。

我曾经问孩子：“你做这些事情开心吗？有成就感吗？”孩子回答：“没办法呀！我也不想做，我只想做学习一件事！”我明白，如果真的只剩下学习一件事了，那是独属于高三的节奏。我内心还是希望孩子除了学习还能有其他活动，能够稍微分散一点孩子的注意力，缓解一下学业上的压力。

人们常说，得不到的永远是最好的。也许，这就是孩子美好的想象吧。从孩子的经历来看，结合我自己的人生感悟，有时不得不去做一件事不一定就是坏事。我觉得，这是一个不错的话题。一方面，告诉孩子真的不想做可以拒绝，与儿子分享拒绝的艺术；另一方面，与孩子分享用辩证思维看问题，好事坏事并不绝对，成长点处处可寻。

第一种情况——不得不做，真不想做，又不想产生不良后果，你就要学会拒绝这门技术。不是人人都会拒绝的，有的人很难说“不”，不管内心是翻江倒海。有的人说“不”很简单，直截了当，让人无力反驳。讲究说话艺术的人，虽然拒绝了对方，但是又让对方觉得你的拒绝入情入理。比如谈恋爱，若有人喜欢你，你不喜欢人家就要拒绝，同时切勿伤害人家。比如朋友之间的约定，大家相约周末去爬山，但你周末另有安排不得不拒绝。真正会拒绝的人都是人际关系高手，会让自己的生活变得更舒心。

第二种情况——，不得不做，没得拒绝只好做，那就练就一种积极心态和积极思维。既然要做，那就开开心心地做，这是我一直跟孩子强调的一个观点。因为带着消极情绪去做事情，既做不好事情，感觉也很糟糕，很有可能会继发不良后果。所以，已然上手了的，就把这看作是一个机会，至于收获什么，由老天爷说了算，自己能掌控的就是尽力而为。当下很流行一句话——“努力了不一定会成功，但不努力一定不成功”。这里面唯一可控的就是自己的努力。这样的自我训练有了积累之后，渐渐地，心气不再浮躁，人也感觉平和了不少。

这样看来，孩子在学业与活动之间做选择不是那么简单的一件事，这背后隐藏着重要的教育契机。抓住了，就引领孩子在人生的道路上前进了一步，抓不住也许就会被孩子带着一起纠结和焦虑。

【反思支招】与高中生聊天，什么话题才是好的聊天话题呢？

现在流行一个词，叫“社死”。其含义多为在公众面前出丑，形容已经丢脸到没法见人，达到只想地上有条缝能钻进去的程度，被称为“社会性死亡”。其实，我们都希望有好的人际关系，能在社会交往中游刃有余，那么在和别人的相处中怎样找到好的聊天话题，打破交往尴尬的局面呢？

1. 走出误区。很多人在寻找聊天话题的时候会存在一些误区。例如，认为自己感兴趣的，有话可说的就是好话题；认为时事热点、明星八卦等是大家都感兴趣的；聊身边人、朋友事，家长里短人人都想知道；好为人师，专门给别人解释一些生活现象，普及各种知识道理；认为有共同感受的话题就是好话题，如孩子学习、衣服穿搭等。其实这些都是寻找好话题的误区。

2．了解聊天话题的作用。谈话需要话题，但目的不是哗众取宠，而是通过话题增长知识，增进感情，进而打动对方。因此，在话题的选择上也要因时、因地、因人而异。

3．参考原则。尽量选择开放式话题，打开对方的话匣子，而不是只要对方回答是与不是。内容上，可以是身边事，可以是共同认识人的信息，也可以是自己的信息，但需要避开敏感话题和敏感信息。尽量了解对方的观点和感受，掌握的信息越充分，越容易更好地避开尴尬的话题。

4．注意事项。对于自己不想回应或感觉尴尬的话题，可以用沉默的方式，引起对方的反思。或者可以用“这个话题，我们以后再谈”等方式，岔开话题，紧接着可以再抛出新话题，缓解气氛。遇到针锋相对的观点，可以用婉转的方式来回避冲突，让对方也有台阶下。

5．审时度势，根据情境抛出合适的话题。例如，喜庆的情境以开心喜悦的话题为主；去医院看望病人，要以表达对病人的支持鼓励为主；在朋友聚会时，要先了解朋友的话题和各自的观点，在恰当的时机参与讨论；在开导朋友或亲人时，要理解他们的感受，鼓励他们。

同样的“社死”性聊天也存在于亲子之间，特别是父母与青春期孩子之间。日常生活中，我们发现家长最爱、最想与孩子聊的话题是学习、交友、早恋、游戏、目标、消费等。家长希望通过这些话题，告诉孩子该做什么和不该做什么；通过说服孩子，达到教育的目的，减缓自身的焦虑。然而，孩子对这些话题不感兴趣，甚至反感。孩子不愿意听，再好的建议也无济于事。那么，如何与作为高中生的孩子聊好天呢？

1．关于学校，别把天“聊死”。有关学校的内容要具体，不能太宽泛，如这场篮球赛的精彩之处，班级合唱比赛唱什么歌曲，等等。一开始，家长可以跟孩子分享自己的工作和生活，待孩子打开话匣子之后，再转移到孩子学校的话题上去。过程中家长要做倾听者，而不是批判者。

2．关于家庭，发挥孩子的积极性。孩子有对家庭事务的知情权和适度参与权。这不仅可以增强孩子的归属感和安全感，还可以锻炼孩子分析问题、处理问题的能力。如家庭买房、购车、出游等较大支出项目，亲友聚会等活动安排，家务劳动、家具布置、周末聚餐等生活琐事，这些都可以让孩子一起参与。

3．聊聊父母小时候的趣事，启发孩子思考应对策略。孩子都喜欢听父母年轻时候的事情，或者是自己小时候的事情。父母可以在讲述这些趣事的过程中，与孩子沟通相关话题，如亲情、友情、爱情、感恩、兴趣、创造、学业、工作等，给孩子传递正确的价值观。切忌自我标榜，这会给孩子造成压力。

4．关于未来，“酷”的话题更有推动力。未来是一个充满想象的话题。父母可以与孩子聊一聊自己小时候对未来的理解，曾经的梦想是什么？实现了吗？今天的感受是什么？与孩子聊一聊未来科技发展的可能性，聊一聊科幻电影里的世界，等等。

这些比较“酷”的话题，充满画面感的未来设想，会推动孩子去寻找自己的方向。

5. 聊聊新闻热点，引导孩子的三观建设。家长与孩子共同关注世界的发展，关注热点人物的言行，关注榜样的积极力量。家长可以通过这些新闻热点，引导孩子对问题的看法不再拘泥于表面，对世界的理解和对人生的把控也就多了一层保障。

第16章 斩将一：主三科

【纪实日志】

语数英三门学科的重要性不言而喻。我们小的时候，最流行的口号之一就是“学好数理化，走遍全天下”，物理和化学的实用性是很受重视的。到了儿子这一代，却发现物理、化学的地位与历史、政治没什么区别，从分值上看都不及主三科。主三科各科150分，其他科目最高分值70分，这差距不是一点点。所以，残酷的现实就是学好语数外，高考才能稳操胜券！

然而，走进大学，走进社会，我们会发现，就其他的专业与领域而言，语数英只是工具。就像一棵果树，长满了果子，如果想要摘到果子，不仅要学会摘果子的技能，还要先学会爬树的技能。自然，有些孩子使用梯子，也能摘果子。他们绕过了残酷的高中学习和高考选拔，通过职业技能之路，同样可以摘得胜利的果实。只是传统的高考之路仍是大多数孩子的必选，那么学会爬树就不可避免了。也许这个比喻不是非常恰当，只是我们会发现主三科的地位如此之高，一方面，可能会造成高分低能；另一方面，进入大学，某些学科就会完全退出孩子的学习领域。十几年的攻坚战只是为了一个分数，孩子可能丧失学习的兴趣，学科知识本身也被一层外衣包裹，遮挡了其自身的魅力。我的孩子曾经信誓旦旦地说，进了大学，就可以不学语文了。可见，语文学科对他而言，是一种无言的痛。其实，语言文字是我们一生都离不开的重要工具，工作内容、工作报告、项目书、实验报告，甚至是情书、应聘简历、辞职信，等等，都需要文字表达，需要逻辑清晰、准确地传递信息。这样看来，语文很重要，只是语文学科让孩子不那么喜欢而已。

再说说数学，一言难尽。曾经以满分的成绩升入初中的儿子，以数学能力见长。初三各种模拟考，数学成绩都很稳定，唯独中考遭遇滑铁卢。原以为数学可以弥补语文的短板部分，结果数学泥菩萨过江——自身难保。这件事在孩子的心底留下了很深的烙印，时间久了，也就铸就了底色——数学学习焦虑。进入高中，数学的难度加大，再加上高中高手如云，诸多孩子已经抢跑，我们只有跟随的份儿。孩子紧张地应对每个学习环节，对数学学习有了心理负担。班主任是数学老师，不知是喜还是忧。随着时间推移，一张奇怪的图示呈现出来——平时作业准确率在 90% 以上，周周测在 85% 左右，期中期末只剩 70% 以上了。

这样的趋势不能不让人心忧，孩子也很着急。因为常常是“事后诸葛亮”，犯一些低级错误，错一些会做的题目，孩子的自信心受到很大的打击。高中与初中真的不一样，不是你多努力就多收获，多付出就多回报。往往有的孩子轻松玩乐，成绩优异，活得轻松；有的孩子却是埋头苦读，各种挫败，勇气在一次次跌倒和爬起的过程中日渐消失。那又如何？没人会心疼你的孩子，只会有声音说：“别给孩子太大压力。”我很想说，这个压力不是我给的！也有声音说：“去校外补课吧！”这还真的是我一直深恶痛绝的事情，现在虽然国家贯彻落实“双减”了，但补习的热度从不消退。还有一种声音说：“接受孩子不如别人。”但从感受上而言，紧张和焦虑依然无法避免，毕竟数学在高考中占据 150 分呢！这大前提没有改变的情况下，所有的自我调整都是掩耳盗铃。只能使出浑身解数，能多拿 1 分是 1 分，多对一道题也是值得庆幸的！多么激烈的战斗！

英语，几家欢喜几家愁，有人喜欢有人恨。我是从初中开始学习英语的，直到工作了，才几乎完全与英语拜拜。儿子是从幼儿园就开始学英语的，以后的工作也许要时常与英语打交道。当下要降低英语学科的地位，英语高考有两次机会，取最高分，这样的机制给人的感受就好很多。我禁不住会联想，为什么数学不能分 A、B 卷呢，然后划分录取的分数档；或者分层教学，大学根据自己的专业学习需要对各个学科提出达标要求。举个例子，如 A 卷达到 A 的水平或 B 卷达到 A+ 的水平，都可以上线，这样孩子们更有信心应对学习，更能理解扬长避短和把握优势资源的意义。对于大学而言，基础扎实的孩子与攻克难题的孩子都是需要的，不同的领域，需求不同而已。一个要考对外汉语系的孩子只要数学基础卷达到 B+ 就好了，而一个要搞数学研究的孩子自然需要 A 卷达到 A 以上的水平。这样，才是选拔真正的价值和意义。

当下，我唯一能做的就是引导孩子关注优势科目保证优势，短板科目打牢基础，有时“拆东墙补西墙”的思维也不是一无是处。想想高考看总分的背景下，不就是高分低分大杂烩，优势劣势一起拼吗？那么，与其揪着孩子不如意的地方，拼了命地去提高不擅长的科目，还不如让孩子懂得人各有所长，我也有我擅长的，不必妄自菲薄。我们需要调整的只是策略，对每一学科进行针对性的定位和做功，然后看整体、控全局。

主三科，儿子拿下它们的秘诀在于：知己知彼，合理期待。

【反思支招】说说考试失常那些事

很多家长很苦恼，孩子平时成绩不错，一到大考就发挥失常，而这种情况又会给下一次的考试带来压力，影响发挥，进入恶性循环。为什么会这样呢？主要分为以下几类原因。

第一类：压力过大，信心不足

1. 区分能力不足与心理压力过大。很多时候大家都会将发挥失常归因于心理紧张而发挥不好，其实这背后的原因也有可能是孩子自身的能力不足，而紧张没发挥好是一个强有力的理由来掩盖这个问题的本质。因此，作为家长，首先要能够辨识孩子究竟是因为能力不足，还是由于心理压力过大造成发挥失常。能力不足需要学业方面的规划调整，这里我们重点讨论心理压力过大带来的问题怎么应对。

2．过大的压力会带来“思维短路”。美国认知科学家西恩·贝洛克研究发现，过大的压力会占用人的工作记忆，带来“思维短路”，导致大脑没有足够的脑力来解决问题，因此造成我们平常看到的发挥失常。这就需要家长帮助孩子，澄清问题的缘由，降低紧张心理状态以便让大脑的工作记忆区不再受阻。

3．避免“白熊效应”。如同失眠的人总是自我暗示“别胡思乱想”，焦虑的人总是提醒自己“不要焦虑”一样，很多时候我们越是提醒自己不去想什么而偏偏就去想什么，这就是“白熊效应”，又称“反弹效应”。美国哈佛大学社会心理学家丹尼尔·魏格纳做过一个实验：他要求参与者尝试不要想象一只白色的熊，结果大家很快在脑海中浮现出一只白熊的形象。所以，当我们劝孩子不要紧张的时候，传递给大脑的信息是紧张，反倒容易诱发紧张情绪。家长要学会多用正向表达引导孩子，例如让孩子提醒自己需要更专注、更仔细等，给大脑传递期望的信息。另外，家长和孩子都要调整预期，过高的期望容易让孩子产生过大的压力。与其强调对结果的期待，不如想办法提升孩子对知识的熟识度。

4. 模拟压力环境。“把平时的作业当作考试，把考试当作平时练习”，孩子平时写作业的时候，尽量如同考试一般，多训练限时作业。平时养成这种快速专注做题的好习惯，考试时才能从容面对，减少出现思维短路的频率。

5. 考试复盘，调整认知。考试复盘，不仅仅是复盘错题，还要复盘自己的心理状态。如可以考前让孩子写下各种担心和顾虑，分析如何应对，考后再来复盘：哪些发生了，哪些没发生，为何没发生，等等。这样的复盘与反思，会降低孩子内在的焦虑程度。

第二类：真的只是运气不好吗？

考试没考好，孩子说“点背”，会的都没考，考的都不会；在一场实力相当的竞赛中，孩子输了比赛，却归因为自己“运气不好”。“运气”，从统计学角度来讲，就是小概率事件，是不可控的因素。

1. 好运很重要。“有一种成功经验叫运气”，有的成功看似必然，背后却包含了一些偶然因素，这些偶然因素就是运气。有时候一点好运气会带来更多的收益，人生就像开了挂一样，好运连连。所以，运气是可以叠加的，只要时间够长，叠加产生的效应，就往往不是直线型的，而是指数型的。

2. 好运有磁场。“富而不骄”得好运，如果你想长久地享受好运气，从一个成功走向另一个成功，就得学会戒骄戒躁，得意忘形可能会摔得很惨；“近朱者赤”得好运，“物以类聚，人以群分”，加入“好运”磁场较强的团队，可以提高获得好运气的概率，跟一群正向积极、运势俱佳的人一起努力，你获得的机会也会更多；“感恩报恩”得好运，“富而好礼”不仅有利于身心，也有更大概率获得好运气。

3. 好运是留给有准备的人的。有人问扎克伯格：“你觉得到底是什么原因让你如此成功？” 他回答说：“我主要是运气好。”可光有好运气，就一定会成功吗？切勿把他人的谦词当成答案的全部。“要想得到你想拥有的东西，最保险的方法是让自己配得上它。”运气更喜欢努力拼搏、积极乐观、不怕挑战的人。当好运不经意降临时，那些拥有大格局和长远眼光的人更能抓住它，拥有好运。

4. 正确归因，胜不骄败不馁。成功与失败有多重影响因素，不会仅仅因为运气。从归因的角度，内因是决定性因素，可控的内因是孩子需要多思考的内容，如自己的努力程度，解决问题的方式方法等；外因需要引起孩子的注意，掌控可调控的，坦然面对不可控的，如运气。

第三类：失误过多，发挥失常

每次考试下来，总会有些孩子对自己的失误感到懊恼或自责。家长一问便是，都是会做的，只是看错题目了、抄错符号了、漏写数字了、一下子想不出思路心慌了……会做的题目没做出来，换作是谁都不好受。可是，这样的事后反思却没能让孩子下次成功避坑，为什么会这样呢？

1. 避免常见的处理误区。作为家长，我们遇到这样的时刻，很多时候确实有种“哀其不幸，怒其不争”的感觉，可能就会陷入一些处理误区。例如批评，“每次你都这么说，但是每次都发挥不好”；或者定性评价，“别狡辩，你就是不认真，不努力，给自己找理由”；要么就是比较，“别人怎么就能做对呢，就你老是犯错，不是这里粗心，就是那里漏看”；或者干脆惩罚，“错的字抄写 100 遍，错 1 题罚 10 题，看你长不长记性”。要知道这些误区都并不利于问题的解决。

2. “事后诸葛亮”是一种认知偏差。人类的大脑在处理信息的时候，会走捷径，会依赖于直觉偏见，做出一个看上去合理的判断，所以我们的大脑比我们能够预想到的更倾向于保守与安全。如果家长对孩子不认同，经常批评、指责或否定，大脑会自觉倾向与这种感觉相匹配的判断，而忽略一些对孩子真正有用的信息。家长需要理解孩子的感受，倾听孩子的想法，和孩子一道题一道题地分析原因，一起改进学习方法和考试策略。通过目标导向，分步骤实施，制订可落地操作的计划。孩子不需要家长讲大道理，因为这样的道理孩子也听得够多了。孩子需要的是家长的帮助和引领，一步一步地循序渐进，再总结、反思和提高。

3. 合理期望更利于孩子接纳真实的自己。过高期望，会让孩子在出现失误的时候，用借口来逃避责罚。若与“别人家孩子”比较，则更会让孩子避重就轻，忽略真正的问题所在。要引导孩子聚焦自己的目标，努力攀登自己的那座山。

第 17 章　杂记：高二怎么过？

“高二的节奏开始了”，这不是我说的，是班主任在家长群里说的。

国庆节一过，六大门紧锣密鼓地考试，紧接着就是公布成绩。用班主任的话说：“查分数前，先做个深呼吸！”我做了三次深呼吸，接下来面对儿子 64 分的物理成绩，我差点没背过气去！

虽然儿子给我解释了原因，也转达了物理老师对他的信任，但是不争的事实面前总要难过一阵子。特别是听到与儿子差不多水平的孩子考了 97 分之后，我更加喘不过气来。都说比较是罪魁祸首，我感觉比较是“杀手”，诛心！

“屋漏偏逢连夜雨”，儿子他爸身体欠佳，检查出有肺结节。因为长大的速度有些快，所以医生怀疑是恶性肿瘤，建议手术治疗。一边是儿子刚刚进入高二，呈低开之势；另一边是老公身体出状况，心情低落。整个家庭被笼罩在低气压下，我虽知要强颜欢笑，调动气氛，但确实感觉吃力。有时怀疑，是否我哪里做错了，给家人带了厄运。自责、内疚、愤怒、委屈、无奈、压力、焦虑、郁闷……只能躲在厨房偷偷地哭，哭完告诉自己：要坚强！必须笑对这一老一小！

持续作战，人是会疲惫烦躁的。成人虽然上班很辛苦，却不用下班写作业，还有个周末可以适当放松一下，但是对于高中生而言，那都是奢侈的，这就是高二的状态。每个星期一个轮回，孩子最喜欢周五，感到最有压力的是周日晚上。几乎每个周日晚上，我都需要给孩子做心理放松才能入睡。好在周一的学习任务不是最重，也许老师们都了解孩子们的周一恐惧症，一周开始了，苦难又来了。有时，我会沉思，究竟是什么让孩子们的学习压力这么大，感觉学习这么苦？

学习本身是辛苦的，这我承认，但并不是每件辛苦的事情都会让人如此深恶痛绝，我想考试就是其中之一。每科都要天天模，周周测，月月考，期中期末大考。没有一周、没有一段时间，是轻松的。知识本身的价值和意义是什么？没有孩子去思考这么深远的问题。哪怕有的科目一开始是喜欢的，是向往的，是有未来打算的，但考着考着就失去了生气和灵气。儿子很喜欢物理，喜欢航天航空、机械、动力系统。他也擅长钻研这些机械原理，拼搭动力装置，研究机械工作原理。看书、查找资料、搜索网络资源，都让儿子乐此不疲。我以为这样的物理学习是没问题的。问题是，恰恰是这样的兴趣与动力在物理分数面前再也抬不起头来！

究竟问题出在哪里？孩子渐渐失去了学好物理的自信心，因为懂得多也不等于就能考高分。孩子对物理学习和考试的压力很大，甚至有些害怕。渐渐地，“物理”就像是个定时炸弹，只要提起，全家人都感觉身心一紧，真的是“一根绳上的蚂蚱”，谁也跑不了。后来情况发展到不仅儿子害怕考试，他一考试我也紧张。我紧张的不是孩子的成绩，我紧张的是孩子考试后的状态，是否能够经过调整满血复活。当然了，要是有绝地反击的决心和勇气，那就更完美了。事实上，很多孩子经历一次次挫败，不是越挫越勇，反而是退缩想当逃兵。面对重重困难，成人也不能完全做到迎难而上，更何况是孩子？所以，适时降低期待，给孩子一个缓冲区——充足的时间和自由的空间。允许孩子情绪低落，包容孩子的愤愤不平，陪伴孩子身边，让时间冲淡过往。也许这些都是“马后炮”，甚至有些后退，那又何妨！退一步海阔天空，我想要的终究是一个身心健康、懂生活的孩子，仅此而已。

当然，有家长会说，孩子们都是这样过来的，人家能从考试中脱颖而出，我们的孩子凭什么就不行！

万恶的“人家”！因为有人减肥成功，就说明自己没有毅力；因为人家跑得快，就说明自己练得少；因为人家考得好，就说明自己不够努力。因为“人家”而逼迫自己的事情太多了，最终逼得自己失去自信，失去方向，甚至失去自我的案例也太多了。万恶的“人家”，总是存在的，只要你找，总能找到，不是吗？所以，我也总免不了因为“人家”而愤愤不平、不甘、不愿，然后又是各种悔恨、自责和内疚像潮水般涌来。

高二怎么过？考试是免不了的，分数是逃不掉的，焦虑自然而然如影随形。

问了师兄，师兄说：“认命！人有各命！”如果考好了，命里有；考不好，命里没有莫强求！

高二怎么过？各家有各家的方式，我家就按照我家的一贯风格，尽力做事，心态放平，坦然接受一切！好与坏，都不绝对。明天的太阳依旧明媚，不会因为你的沮丧，它就不发光发热；明天也许是狂风骤雨，更不会因为你脆弱，它就停止风吹雨打。所以高二就这样顺其自然地过，一切都交给时间吧！

第18章　斩将二：高二重组

【纪实日志】

换班级，换老师，这在所有的学校都是家常便饭。儿子小学班主任五年换了四个，初中语文老师四年也换了四个，这到了高二，班级重组。

班级重组后，班主任留下来了。对我的孩子而言，这是件好事。熟悉的班主任和熟悉的数学老师，都可以让孩子更安心。语文老师换了一位教研组长，原来的年轻语文老师经过一年的教学磨练，被委以重任，到新高一带班。孩子们很舍不得，因为年轻，语文老师能够与孩子们亲近。孩子们不畏惧她，她对孩子们也很有责任心，唯一的不足就是缺乏教学经验。我和儿子很感恩这位语文老师。英语老师、物理老师、地理老师以及生物老师都是原班人马，还是很幸运的。历史换成了一位很喜欢讲历史故事的老教师，对孩子而言，这无疑也是一件好事情。

高二，还有学科重组。根据选科，儿子进了物理班，顾名思义，这个班的孩子高考是要考物理的。新学期新气象，儿子每天放学回家的作业就只剩下六科，其余学科的作业都是在课堂上完成的。自然，这六科作业的量有所增加，难度也随之加大。更有意思的是，体育的地位上升，几乎每天都有体育课，体育老师开玩笑地说："我们终于有资格参加家长会了！"儿子是羽毛球班的，因为喜欢，所以体育课不再是噩梦！

由于在高一期末数学大考中失利，这个学期孩子没有被选拔进入数学提高班，只保留在了英语提高班。"塞翁失马，焉知非福"，孩子有时间自己查缺补漏也是不错的。但是他心里还是有些失落，看着原来一起去数学提高班的同学去上课了，内心总免不了酸酸的。按照自然教育的理念，这就是生活给予孩子的挫折，他需要去感受，去承受，去克服，去挑战。我作为家长，虽然很心疼，但又能怎样呢？选拔制度向来以成绩为标准，那个分数是不可挑战的权威。我可以做的就是陪伴孩子继续前行，不能进培优班，那我们就自己培优。自己不放弃，不服气，才能掌握接下来的走势。

高二班级变了，课表变了，同学也有部分变了，关键的是气氛也变了。如果说高一只是大家了解和感受高中的节奏，那么高二就是高考的前奏。看着班主任老师发来的 2021 年高考的录取分数线与录取情况，我很忐忑。今年儿子的学校考上复旦大学、上海交通大学的学生只有不到30人，这是什么概念？实验班有4个，每个班级都有近50人。30人平分到实验班，一个班也不到10人。那么平行班是什么角色？只能沦为陪跑运动员了。再看看综评，几乎上海复交的录取名额都来自综评，而有资格进入综评的还是考分高的孩子。所以我们平行班的孩子也是有机会的，只是机会很渺茫而已。考虑报考外地的大学，曲线救国，以后报考研究生再回沪吧！从高二开始，我们对未来的思考就要更现实、更落地，升学规划也要提上日程。

有时候，当妈的自己无论多么悲观，被现实拿捏得怎样无力还击，还是要不停地建设自己的内心，然后笑着对孩子说："条条大路通罗马。"孩子对未来充满了各种美好的幻想和憧憬，带着这份企盼，孩子每日默默地努力着。那些有勇气有强大的心理能量的孩子，经过社会大浪淘沙后依然活得很好的孩子，才是真正意义上教育成功的孩子。

高考是大多数高中生一个非常重要的节点，作为父母，只能与孩子一起看清时势，分析时势，顺势而为，顺势而上，方能借力使力，勇立潮头！

【反思支招】高中生的家长如何为孩子助攻呢？

中考的目标是进入一所理想的高中，高考的目标是进入一所理想的大学。如果说中考对孩子而言是一场半决赛，那么高考就是决赛，将决定着孩子人生的方向。高中三年，不仅仅是对孩子的考验，也是对家长的考验。如何做一名合格的高中生家长，给孩子助攻呢？

1．做好孩子生活的“后勤部长”。学习是孩子自己的事情，高中生家长要避免成为老师的助教或者孩子的家教，应当致力于做好孩子的后勤保障，确保孩子营养充足，睡眠充分，身心放松。高中三年“夫唱妇随”或者“妇唱夫随”皆可，父母要目标一致，步调一致，为孩子创造一个安静的学习环境、和谐融洽的家庭氛围。孩子生活舒适，可以缓解学业上的压力和心灵的疲惫。

2．成为孩子随时可以依靠的肩膀。美国著名亲子教育家麦道卫说：“生活在鼓励和推动中的孩子，会自强自信；生活在赞赏和肯定中的孩子，会体谅别人，知足感恩；生活在安全和稳定中的孩子，会心态平稳，信念坚定。”高中三年，浮浮沉沉，孩子将会面临重重磨难，高中生活的适应，学业任务的繁重，竞争的激烈，还有人际关系上的纠葛冲突，这三年，孩子随时都需要一个肩膀和一个可以倾诉的对象。

3．明确目标，隐形工作。高中生的家长通过学习，了解高中生的特点。同时，结合孩子独特的个性，家庭教育要有的放矢。讲理，要言之有理；做事，要低调，避免激起孩子的逆反心；教育，隐于生活琐事，不着痕迹。家长要尽量避免刻意为之，或与高中孩子较劲，因为家长不论胜负，孩子却一定是输家。

第19章　杂记：一封信

【纪实日志】

完成了一天的学习和作业，儿子手脚并用地爬上了床。我帮儿子掖了掖被角，听到儿子说："妈妈，我好累呀！"

我亲了亲儿子满是青春压力痘的额头，说："累了，就休息吧！晚安，儿子！"

太晚了，纵使我知道要跟儿子聊聊，让儿子倾诉宣泄一下，我还是选择先让孩子睡觉。我要好好想一想，怎么跟儿子聊"学习很辛苦"这个话题，在什么时间聊？有谁参与？

最终，我决定给儿子写一封信！一方面，我对自己的口语表达能力不那么自信，比较而言，文字表达似乎更强一些；另一方面，孩子的时间太紧张了。一个半小时，孩子可以睡一觉，可以运动一下，也可以看会儿书或是刷一会儿手机。

——“学习太辛苦了，我太累了！”

——“是呀，真的很累！”

——“谁说的，快乐学习？”

亲爱的儿子，展信悦：

这是妈妈写给你的第二封信。还记得妈妈写给你的第一封信吗？那是初中家长会，妈妈留在你的课桌抽屉里。爸爸写给你的第一封信，是在你生日的时候（当然，是妈妈提议让爸爸写的！）。今天这封信，原本是妈妈想要与你聊天的内容。请原谅，妈妈拖了这么久才回应你。不过，妈妈相信，你会理解的。因为你知道妈妈生了两次大病，动了两次手术。现在这封信，还是在眼睛恢复期断断续续完成的。如果中间文字的衔接不那么顺畅，你姑且理解哈！

这周五，你就要开始期末大考了！妈妈相信你会考出好成绩，因为你每时每刻都在努力，都在认真复习。妈妈看得出，你有些紧张和焦虑，因为每每这时，你就会满嘴溃疡，满额头的痘痘，还有那怎么也止不住的头皮屑。其实，妈妈看着你每晚五六个小时的学习，从不间断，我很心疼。总是想着打断你，让你休息一下，运动一下，却又怕影响了你的进度，导致你晚睡。你看，妈妈也很纠结、很焦虑。

学习是很累的，这毋庸置疑。想要学得好，考得好，不仅累，还煎熬，因为这件事情上有太多不可控的因素。你可以努力复习，却不能保证考的都是复习的；你做好充分的准备，也难保老师出题又偏又难。不可预料的因素一直都在，所以可能会欢天喜地，也可能会大失所望。对此，妈妈只是希望你能懂得，不以成败论英雄！

科学实验都是经过成百上千次的失败才会得出正确的结论。科学家之所以异于常人，是因为经历了异于常人的努力。如果我们截取中间片段，可以说，他们都是输的，是惨败的。可他们被人们记住，被人们称颂赞扬，是因为他们的付出有意义、有价值。前两天妈妈听到你在复习政治，什么是人生价值？人生价值是人类对社会的贡献，是社会对个人的认可。所以，儿子，把眼光放长远些，你就会发现你追求的人生价值需要你今日的付出与辛苦，你今日吃尽学习上的苦头，只是你实现人生价值过程中的一部分。如此，这份苦就不会被放大，它如同吃饭喝水，如同跑步交友，如同生活日常一般，是生活的组成部分。你不去刻意地关注它，更不去给它进行各种装扮让它格外显眼，它就不会成为你的负担。对它的存在采取一种平和淡然的态度，也许你会发现它自有存在的道理。它也许外表并不美好，有些冷峻，也有些令人厌烦，但静观之，你会发现它也保有一份善意，苦中带着甜，只是需要你细细地品。

亲爱的儿子，虽然许愿的时候，我们都会说“希望一切顺利”，但事实恰恰相反。人生不是一帆风顺的，挫折与坎坷才是人生的重要科目。这条路，你是开开心心地走，还是痛苦悲愤地过，这是你的选择。就像妈妈经常跟你讲的那个故事，半杯水的存在是客观的，但它给你带来什么样的心情和感受，不由它说了算，决定权在你手里。关注已经拥有的，你会体验到满足与幸福；关注缺失的，你会被悲观与消极的感受所包围。妈妈不是说让你做井底之蛙，守在自己的那片天空下自娱自乐。妈妈想与你分享的是，即使是半杯水，合理利用你拥有的，你一样也可以走出沙漠；即使是井底的小青蛙，发挥它跳跃的本领，也可以努力地跃迁，领略到与井底不一样的风景。不是只有跳出井口看到外面广阔的天空才会幸福，相反，即使这辈子它都跳不出井口，但它经过一次次努力，一次次看到比原来更大的天空，它的本领在提高，它的收获在增加，它相信自己有未来有希望，这才是最大的幸福。试想想，如果青蛙关注的是自己跳不出井口看不到外面的天空，它就会失去努力的方向，失去对未来生活的期盼。所以，关注自己当下的状态，关注自己可能达到的目标，关注自己付出和努力的过程，顺其自然不强求，你会体验到充实和满足。

“失败是成功之母”，这句话我们耳熟能详，道理不言而喻。而“成功是成功之母”才是妈妈想与你分享的。每次小的尝试，阶段目标的实现，体验小的胜利的喜悦，这些很重要！人之所以区别于动物，在于他要知道“我是谁”，他要慢慢地回答“我是怎样的”。回答的过程也是探索的过程，这个答案不仅仅是靠自己摸索，还有一部分要参考别人对你的评价。别人的答案不一定完全正确，却往往会在你寻找答案的参考范围之内。所以，积极正向的反馈多了，你会越来越自信；反之，你会越来越自卑。自己的努力与付出，不仅仅是在收获自我认可，也是在打造自己周围的正能量场。妈妈记得你跟妈妈说，班级同学评价你是“卷王之王”“不是在写作业，就是在写作业的路上”。虽然没有类似于阳光、帅气、聪明、幽默等描述性格魅力方面的词语来得光鲜，但同学们的评价包含着勤奋、努力、认真、刻苦、坚毅等优良品质。性格有很大部分是天生的，有遗传因素的影响；而品格更多是后天的，是值得敬佩的。有的人就是那样多才多艺、色彩绚烂，因为他们生命的能量就是来自与他人的联结和互动。但还有的人，就像你一样，生命能量的流动来自内在，一个人静静地思考，发呆，看一本书，听一首歌，都可以能量满满。那些科学家、思想家，较多属于这一类型，他们都是在思考中体验生命的价值。你不需要为自己的内倾性格而自卑，更没有必要扭曲自己非得成为一个外向的人，做自己就好，做好自己最重要！

妈妈最后想跟你重复的一个话题是人生的六边形。一是学习，终身学习，人生不只有高考，不只是知识，还有以后的进修、专业能力、人生课题等，都要抱有学习的心态，保持学习的劲头；二是运动，无论是羽毛球、游泳，还是跑步、爬山，一生总要有能够坚持的一项运动，而且是有规律的运动；三是阅读，人生如戏，戏里戏外人生是相通的，阅读别人的故事，体验别人的辛酸，思考自己的人生；四是朋友，朋友在精不在多，在于志同道合，独生子女的你，更需要朋友来弥补兄弟姐妹这方面亲情的缺位；五是公益，帮助别人不是为了彰显自己，而是为了更好地确立自己，帮助他人与能力无关，与钱财无关，仅仅与人的发心有关；六是工作，做自己喜欢的事情，把自己喜欢的事情做到极致，不求名利，一生无虞。

最后，亲爱的宝贝，妈妈想要告诉你：爸爸妈妈爱你，无关乎你考什么样的成绩，上什么样的大学，做什么样的工作，又或者是挣多少钱。你也要爱你自己，不因成功失败而有任何不同，也不因别人爱或不爱而怀疑自己。祝：开开心心！

第 20 章　斩将三：3+3 模式

【纪实日志】

高二第一次大型考试，即期中考，总分采用 3+3 模式，主三每科满分 150 分，选三评等第。虽然还不是很明白，因为选科不同，究竟怎样的评判才是科学的，但当前也只能认真对待。

家长会前先参加了家委会，每位家委会成员收集班级家长的问题，然后在家委会会议上提出来。其中，有一位实验班的家长提出学校的作业量太少，孩子晚自习很早就完成了作业，无所事事。平行班的家长提出质疑，我们平行班的作业量是不少的，不能根据实验班孩子的情况一刀切。即使是实验班，也并不是所有的家长都如此认为。用平行班家长的话来说："你的孩子聪明，完成了学校的作业，完全可以自己安排学习计划呀！为什么一定要让老师来统一安排呢？"家长们窃窃私语，我心里也免不了犯嘀咕：被动地优秀是真的优秀吗？我不知道。

回到自己孩子的班级，顿时感觉松了一口气，刚刚的郁闷也消散了。不知为什么，每次与实验班的家长一起开会，我都有一种窒息的感觉，浑身上下有如被五花大绑一般。他们的神态、语气和要求，都是那么高高在上，那么盛气凌人。每次，我们平行班的家长几乎不怎么说话，也很自觉没有说话的余地，只是听着实验班的家长各种疑惑。

儿子这次考试发挥超常，这是当下的评定。儿子没有短板，每一科几乎没有太大的失误，会做的基本做对，不会做的也能赚个步骤分。这样，我们基本保持班级第一，年级更是冲刺到了前十。从未有过的辉煌，儿子兴奋，老母亲也为儿子高兴。然而，内心并不安静。

白岩松老师说："不要让孩子考第一。"我能够理解白老师这种观点背后的教育意义，却对如何规避"第一"的副作用苦无良策。自从期中考试后，儿子名声在外，甚至传到实验班。也许，实验班的老师只是用我儿子来激励他们的学生，内心并不认同我儿子的实力水平。总是会有不认识的同学上前来恭维儿子，聊上几句。儿子本就性格内向，与人打交道偏被动木讷，只是礼貌地简单回应。虽如此，却让儿子的内心产生了波澜。

一开始，儿子还能够客观理性地看待这个成绩，也能够保持平常心。渐渐地，周围的声音多了，孩子平添烦恼，压力日渐增大。孩子开始患得患失，感觉到疲惫和心累。学习的任务如常，学习的节奏还是那样，孩子的情绪却有些烦躁不安。我知道孩子最主要还是担心，这样的辉煌突然失去了怎么办？患得患失往往会成为一个人继续努力的阻碍。

哥伦比亚大学心理学家穆勒和德韦克在1990年做过一个非常有意义的关于夸奖的实验研究。他们找来了400多名6～8岁来自不同家庭的孩子，并随机分成3组。在实验的第一阶段，他们给孩子们准备了与其年龄相符的测试题，孩子们的成绩都很不错。但心理学家用了三种不同的方式来表扬这3组孩子。第一组，实验人员很高兴地表扬孩子们："你们都很聪明，一下子答对了这么多题。"第二组，实验人员只公布了结果，什么都没说。第三组，实验人员告诉孩子："你们做得都很棒，你们一定平时非常努力才能取得这么好的成绩。"

在实验的第二阶段，实验人员准备了两种不同难度的任务，并告诉所有孩子："题目A难度很大，你们很可能不会做，但你们能从中学到东西；题目B很简单，你们应该都能做对，但学不到东西。"然后让孩子们自由选择。结果发现，第一组孩子中有65%的人选择了题目B，第二组孩子中只有45%的人选择了题目B，但第三组的孩子中只有10%的人选了题目B。第一组孩子没有像人们的设想那样变得更自信，相反在面对有挑战的任务时，更容易选择逃避。

在实验的第三阶段，实验人员准备了更难的题目，90%以上的孩子做得都很差。实验人员询问他们，是否喜欢这类型的题目，回去会不会继续研究。结果，第一组有 85% 的孩子表示这类型的题目没什么意思，自己不会再做。第二组有 80% 以上的孩子却表示喜欢这类型的题目，回去后会继续研究。和其他两组相比，第三组有更多的孩子愿意用额外的时间去研究题目。

在实验的第四阶段，实验人员准备了和第一次难度类似的题目，但测验的结果有了明显差别。第一组孩子的得分明显低于第二组的孩子，而第三组孩子的得分是最高的。

所以，家长如何引导孩子科学地看待成绩，对自己的成绩做更合理的归因分析，这很关键。因为这次考试是第一次采用 3+3 模式，儿子最大的优势是学科均衡，这次考试没有特别大的短板，优势科目也依然保持稳定输出。儿子的担忧源于选三科占比不重，优势凸显不出来。他担心下次主三科没有发挥好的话，就会整体下降。所以，即使选三科很牛，孩子却依然信心不足。

周末晚上，趁着这周考试周作业量不是那么大，我和爸爸与儿子一起畅谈对学科学习以及成绩的看法，帮助儿子分析自己的优势，以及这次获得好成绩的内因，让儿子明白如何看待学科学习的重要性，并要学会用发展性的眼光去看当下的学习，对待成绩更是要懂得放下。对于高中生来说，成绩上上下下太正常了。爸爸讲了自己在高中时成绩跌入低谷的惨痛经历，也告诉儿子要如何重新出发。归零心态是我与爸爸一致的建议：放下过去，轻装上阵。

【反思支招】请相信：每个孩子都有进取心

什么是进取心？鲁迅先生说：“不满足是向上的车轮。”进取心就是对现状的不满足，不服输，坚持不懈地向目标努力的心理状态。每一个孩子都想取得好的成绩和名次，最初都有进取心，后来为何动力不足了呢？

1. 了解进取心不足的特征。进取心不足的孩子，学习不主动，只是应付完成作业而已；有强烈的悲观情绪，不敢挑战，对于成功不抱希望；没有目标，对自我发展没有规划。这类孩子，内心很自卑，表现为多疑、敏感、脆弱、消极。孩子不愿面对客观事实，不愿承担责任，对他人或外界过于依赖；怨天尤人，逃避困难，又迫切需要得到别人的认可和赞赏。

2. 进取心与求知欲、自尊心、好胜心相关联。进入学校学习后，孩子对知识有渴望，希望能够在群体中获得尊重和赞赏，也期待能够在激烈的竞争中成为胜利者。孩子的进取心是前进的动力。孩子往往会出现动力不足的状况，因为对于他们来说，意志品质发展还不成熟，自控力还不强。他们一方面容易跟着感觉走，处处碰壁受挫；另一方面，容易受情绪干扰，受外界环境影响，心理波动比较大。因此，不是孩子没有进取心，而是对这份进取心的坚守常常受到挑战。

3. 家长欣赏的目光和表情就是最大的鼓励。“人们最喜欢那些对自己的喜欢、奖励、赞扬不断增加的人或物，最不喜欢那些显得不断减少的人或物。”这就是阿伦森效应。人的进取心一般靠两种因素支持：一是压力，二是引力。压力需要在后面施压，引力则在前面牵引。对于求学中的孩子而言，压力不言而喻，关键在于引力。父母的鼓励，老师的期待，同学的赞赏，自己对未来的期许，这些都是牵引孩子前进的积极力量。

4．自主感是获得进取心的核心要素。如果家长因为焦虑、强势，对孩子太负责任或者太不放心，而总是越界，过度参与孩子的事情，掌控孩子的言行，那么最终结果将是孩子很难重建自主感，坚守进取心。

在中学阶段，家长常常以结果来对孩子的学习状态做评判，这其实是本末倒置的一种做法。我们常说“不以成败论英雄”，这种成绩上的“成王败寇”论对孩子的进取心是有着巨大的破坏力的。家长如何正确地看待成绩，以及如何引导孩子正确地看待成绩至关重要。

1．学习成长型思维，正向积极引导孩子。人有两种思维：成长型思维与固定型思维。成长型思维的核心，认为能力是可以提高的，是可以通过努力来实现的。固定型思维则认为一个人的智力水平几乎是固定的，后天的努力影响不大。面对挫败，成长型思维的孩子虽然感受到痛苦和煎熬，但不会向挫败屈服，而会看成是促使自己去面对和解决的问题。固定型思维的孩子，面对挫败，会把一种失败的行为上升为一种身份，会给自己贴上消极的标签，沉溺其中。因此，重要的不是告诉孩子不要看重结果，而是要让孩子明白，他取得的结果跟他的努力是相匹配的。

2. 家长需要慢思维，及时按下暂停键。大脑的快思维是直觉系统，不费力，但容易出错。大脑的慢思维，是一种缓慢的、需要耗费能量的、理智的系统。面对孩子成绩不理想、考试失利的情况，家长需要启动的是慢思维，这是一种理智的思考。每当直觉反应发生作用时，如深感失望、怒火中烧、大声训斥或滔滔不绝地说教时，要及时按下暂停键，自我反思如何反馈才是正向积极的，这样才有利于孩子成长。如，从倾听开始，了解孩子的感受和对成绩的看法，理解孩子所承受、所害怕、所担忧以及所希望的，引导孩子积极地看待失败的意义，找寻失败会给我们的力量。

3. 运用想象，以终为始。引导孩子想象考试成功的情境（或者回忆曾经成功的场景），感受愉悦的心情。与孩子讨论曾经的成功是怎样达成的，可复制的有哪些，可完善的有哪些，引导孩子将更多的心理能量放在积极行动上，相信下一次会有进步与收获。

第 21 章　杂记：失控

2022 年的阳春三月，又是一个特殊的春日。学校开启“停课不停学”的网课模式，我们不得不再次调整，努力去适应新的学习方式和生活节奏。

前几天听了一个老师的课，课上讲述达到“空杯心态”太难了。我深有感触，这时让我放空自己心中的念想，放下对孩子当前学业生活的忧虑，放下对他的心疼与无力感，谈何容易。人们都说要放下，放下一切，困境自解。可这“放下”，除非不得已而为之，主动放下太难了！困在其中的岂止只是孩子，还有家长。一次次冲击之后，却突然发现不知什么时候我也成了孩子的一重压力。

这一天，孩子在二模。孩子说外面噪音大影响了他的发挥，结果考试失利，没有发挥出原有的水平。一听到孩子的抱怨，我顿时火冒三丈。“找理由，找借口！”“其他同学怎么就不受影响？”“还是自己的学习有问题，有漏洞！”“心态不好，等于没学好！”“会做的做错，不会做的死抠，浪费时间！”……各种声音在我脑袋里盘旋萦绕，我是一点也静不下来，一点也控制不了。网课以来，我第一次失了控，对孩子发了火。

妈妈这一吼，孩子宣泄情绪的闸门关闭了。儿子看着失控的妈妈，表情一下子凝滞了。看着儿子坐在阳台，看着外面，听着音乐，反思自己的错误，我又陷入了愧疚与心疼的无限循环中。一天的课就这样结束了，日子照过，生活照旧。儿子依然是每天 15 小时的连轴转，我依旧是一日三餐地劳作。忙完一天的活，自己坐下来。听着舒缓的轻音乐，我的思绪也飘远。

我们都是生活在社会中极其渺小的存在。看似我们自己掌控自己的生活，殊不知社会的一点点变化，都会让我们动荡不安，失去掌控感。可是，没有人会提出，我可以不生活在这个社会中。我们处于这样的社会环境与社会系统中，只能顺势而为。当下，就是一段荆棘路。地理、生物二模考，期中考，各种考试，真心让人烦透了，却也无可奈何。我自己是这样过来的，现在，我又不得不陪着儿子继续。“己所不欲，勿施于人”，我不欲也，非我所施，我明知不想为，却不得不为，这就是家长的苦痛和孩子的劫难。陪伴孩子“渡劫”，在孩子遍体鳞伤、疼痛难忍的时候，抚摸他，拥抱他，亲吻他的额头，缓解孩子的痛感，这就是我作为妈妈要做的，应该做的。

还有一年多的时间，我就要陪儿子走进高考的竞技场。

十二年的苦读，终将有个定局。人生的第二篇章也即将揭开帷幕，是华丽的开场，还是遗憾的开局，不得而知。只是存有一丝期待，竞技场上不要伤得太重，总要存一些希望和力量。新的人生路，起点要好一些，终不悔这一路披荆斩棘的坚持。通往知识的“象牙塔”里，有的孩子半途被淘汰了，有的终生都被困在其中，有的走出来了，灵魂却丢在里面。为何要如此折辱鲜活的生命？未闻回音。

想来，拼尽全力读书学习，是为了什么？很多家长会告诉孩子，“你学习都是为你自己学的”，是为了考上一个好大学，找一份好工作，将来拥有好的生活。然而，怎样的大学是好大学？怎样的工作和生活是好的呢？我与儿子说，适合的就是好的。适合自己的个性与秉性，与自己的优势资源相匹配，有机会做自己想做的，有能力把自己想做的事情做好，这就是好的。

“好的”不是一个“一刀切”的标准，“好的”是一种个性化的存在，是因人而异的。在学习上，“好的”体现在逐渐养成的学习品质和学习能力上，包括学习过程中对自我的认知和评价，在学习过程中养成的积极思维、情绪稳定、意志力以及解决问题的能力，还有人际关系和人机互动等等，而这些都会延伸到未来的工作中和生活中，是有连贯性的。所以，学习究竟是什么？把学习放在人生长河中，它只是其中的一件事情而已，而围绕高考的学业学习也只是其中一部分，“上不了大学，人生就无望”必然是个伪命题。学习的意义又是什么？放在人的成长层面，学习是一个很好的载体和平台，它可以帮助孩子更好地认识自我，发掘自我和成就自我。学习过程中，孩子渐渐明白：我是怎样的一个人？我能干什么？我想干什么？“I will”的内在能量值不断攀升，鲜活的生命才会更有生命力。然而，当下的考试机制与分数线，往往会误导孩子的自我评价，也让家长心里的那杆秤失了平衡。

因此，“失控”的妈妈需要回归教育的本心与初衷，“失控”的孩子需要重新审视学习这件事以及这件事情中的自己。“失控”后的回归，更是一种成长，对家长如此，对孩子亦如此。

第 22 章　斩将四：等级考

【纪实日志】

2022 年的春天，注定不平凡。2022 年的夏天，也是那么“颠沛流离”。端午节一过，学生正常返校。9 天后，又一次居家上三天网课，接着就是等级考。

6 月 19 日，周日，天阴阴的，非常闷热。复旦中学，儿子如约而至。带着六证检测进入考点，中午 12:00 到下午 4:30，历时两年的地生等级考画上了句号，当然希望是圆满的句号。

从考场出来，儿子对这场考试的评价就一个字——“怪”，其实就是出题新颖。地理是又难又怪，生物是简单但很怪。题目的布局发生了变化，题型也是始料未及的，生物多选题增加，文字回答的题目减少，越来越彰显理科特性。地理一如既往地要提取信息、阅读分析和比较，考察能力的同时也考验心态。

选择题难度加大，孩子在选择题部分首遇阻碍，时间分配会出现紧张，心态也容易崩溃。从家长的角度来看，居家网课的背景下，老师们出题怎么就不能仁慈一点呢！但从考试选拔的角度来说，也许这样的出题策略是有必要的。只是苦了孩子，但还是理解老师，并祈祷好运的降临。

等级考结束，儿子还没有从地理、生物学科中彻底抽离出来，期末大考的要求与相应学科的作业就布置下来了。原本想休息一个晚上，电影开了一个头，儿子又回到书桌旁，奋战其他四门科目。看着怎么能不心疼，真真是一点喘息的机会都没有。儿子嘴巴里嘟囔着“不做了，不管了，不交了”，行动上却真实地反映了他自觉要强的性格。虽然群里同学们都在吐槽，都在各种抱怨，但儿子依然孜孜不倦地在做自己该做的事情，作为母亲，我真的很欣慰。虽然期末大考只有三天的准备时间，但我相信儿子会全力以赴的，至于结果，那就顺其自然吧。

还记得等级考的最后一周，孩子是紧张的，也是焦虑的，因为备考比往年增加了 40 天，战线拉长。一方面感觉越复习问题越多，另一方面又感觉怎么都复习不进去了。其实，这是大脑疲惫、身心疲乏的表现。虽然我们一直想办法调整，做放松练习，但直到最后一天，直到走出考点，孩子才终于长舒了一口气，如释重负。等级考也是高考，考点门口送考的老师和家长一样地欢欣鼓舞，不同的是心里多了一份释放，终于考试了！如同一个包袱，原本只要背到 5 月初，这次硬要背到 6 月中旬。

那种终于卸下包袱的感觉很爽，已经不管结果如何，先放下再说。想象一下，回忆一番，有些恍惚。自己陪伴儿子居家上网课的每一天都历历在目，那种焦虑、心疼又无能为力的感觉记忆犹新。转眼间，一切已成定局，是好是坏，是高是低，掌控权已然交了出去，只剩下等待和期盼。回顾儿子每个奋战的夜晚，看着那堆在窗边的三大包复习资料，我知道我没什么可说的了。无论结果如何，我都不会责怪儿子一句。他已经全力以赴，拼尽力气冲刺，我还能有什么要求。

在此，我不得不感恩老师。每晚儿子几乎都在半夜向老师发起“连环 call”——各种问题，各种题目。我心想着，老师呀，您可记得把我儿子的消息“免打扰”呀，否则这么晚了，我这个当妈的都不好意思了。一边跟儿子说，要不明天再问，可是看着儿子那新鲜出炉的问题和他的学习安排，我也不好插手，就默默祈祷“免打扰”吧！幸运的是，第二天，老师都会及时地回复答疑。真的很感恩老师们！

还有一周，儿子才可以真的稍微休息一下。调整好状态，重新开启暑假模式，最后一个可以弯道超车的暑假。希望儿子的期末大考一切顺利，为暑假受虐的日子积蓄心理能量，有足够的自信和冲劲拼高三！加油儿子，向前冲！

【反思支招】如何培养孩子的感恩之心?

感恩的心，感恩有你。孩子对父母的付出心怀感恩吗？孩子会感激老师的教导吗？北大毕业留学生为什么用“万言书”声讨父母？未成年人怎么会对父母持刀相向？还有上海14岁女孩遗书中所写：“你们爱的不是我，是冲进班级前十的我，是考到满分的我。”越来越多的案例告诉我们，父母给予的并不是孩子需要的，或者说父母所表达的爱并不能直达孩子的心底。缺少了爱和温暖，孩子的心底一片荒芜，又如何让孩子心生感恩呢？苏格拉底曾经问他的学生如何去铲除旷野里的杂草？有学生说，用手拔。有学生说，用镰刀割。还有学生说，一把火烧了。苏格拉底给学生一年的时间去尝试自己的方法，结果都失败了。一年后，苏格拉底告诉他的学生，要想除去旷野里的杂草，方法就是种上庄稼。同理，要想让孩子懂得感恩，就要在孩子的心田种下爱，这才是孩子能够感受到的温暖，才是孩子真正需要的托举。

首先，什么是感恩？感恩，是对别人所给予的帮助表示感激。“感恩之心”是因意识到被给予而自觉是被恩赐或被爱，从而有感谢对方的意愿而产生心理活动或现实行动。因此，想让孩子有感恩之心，首先孩子要能够感受到被帮助，被接纳，被爱。同时，孩子对于他人的付出行为能够给予理解和尊重，能够形成正确的认知和三观。这样，孩子才会懂得感恩和回报。

其次，培养孩子的感恩之心，要避免“苦情教育”。有时候，家长在做感恩教育时，更像是“苦情教育”。“我辛辛苦苦把你养大！”“我每天这么辛苦还不都是为了你！”“你这个白眼狼，我白养你了！”这样的感恩教育有着强烈的匮乏感，家长稍不留意就可能变成“讨债”，逼着孩子感恩与还债。积极的情绪能让孩子真正拥有感恩之心，而怨气与愧疚只能让孩子内心越来越贫乏。感恩是从孩子学会自我负责开始，而不是以“还债”为出发点。家长应该尊重孩子的选择，鼓励孩子身体力行地去尝试，引导孩子分担家务和承担班级事务。只有能够对自我负责的孩子，才能看到他人的帮助和付出，懂得感激和回报。

最后，培养孩子的感恩之心，父母要言传身教。一个好的家庭，是孙辈感恩祖辈，孩子感恩父母，父母也感恩孩子的家庭。在这样的家庭中，每个个体都是有力量的主体，都能够付出爱和感受爱，在感恩与回报之间自由切换。

在孩子所有需要感恩的人和事里，教师是一个非常特殊又重要的存在。如果孩子对教师有看法，就会极大地影响孩子的学习兴趣和学习状态。教师节这一天，学生和家长会用各种方式表达祝福，如送贺卡，发问候信息，送上自己的手工作品或是一束鲜花。家庭教育的真谛不只是教会孩子做什么，怎么做，更重要的在于引导孩子理解为什么要这么做。那么，家长应当怎样引导孩子感念师恩呢?

首先，教会孩子“尊师重道”。自古以来，“人有三尊，君、父、师”。师者，“桃李不言，下自成蹊”，是值得被尊重的。

家长可以给孩子讲讲故事，比如“程门立雪”等典故，也可以与孩子分享自己的故事，聊聊自己记忆中最深刻的老师。或者让孩子讲讲他最喜欢的老师。唐代著名文学家、思想家韩愈在《师说》中说：“是故无贵无贱，无长无少，道之所存，师之所存也。”家长要引导孩子从故事中理解“尊师重道”的真谛。

其次，教会孩子良好的沟通方式。我们常说“亲其师，信其道”，家长容易从“信其道”的角度否定孩子的感受。如果孩子对老师有一些负面情绪，家长要避免充当老师的“代言人”，也要避免与孩子统一战线痛斥老师，而是尊重和理解孩子的感受，并引导孩子用温和的方式去解决问题。如果需要，家长也可以帮助孩子与老师沟通，家校共育。

最后，避免盲目跟风或攀比。教师节时，有些家长的不恰当行为会给其他家长带来困扰，如发红包。家长要思考并做出自己理智的选择，既不盲目跟风，也不要攀比。家长需要与孩子一起讨论如何表达对老师的感恩和祝福，尊重孩子的主体地位，引导孩子坚守本心，做出理智的决策。

第 23 章　杂记：高三终于来了

每年的开学季都没有今年这样“魔幻”——用“还债”的节奏来开启高三的生活。也许，这就是居家网课带来的特色高三吧！

高三的前两周，一方面孩子开始了解和适应高三的学习节奏，另一方面还要准备四门功课的合格考试和实验考，还有高三的第一次月考。儿子一边为合格考烦恼——半年时间几乎不接触的科目，也只能临阵磨枪，死记硬背了；另一边，还要面临紧张的月考——毕竟是第一次做 150 分的卷子，考试时长 2 个小时。手忙脚乱是必然的，心理压力倍增也是可预见的。所幸，儿子已经掌握了时间管理的技巧，会将所有的任务进行排序，优先选择合格考，毕竟这是大考。至于月考，只能顺其自然了。

就这样，高三的日子在慌乱的节奏中开始了。想想这一路走来，挫败感也许是最熟悉的感觉了。无论你怎样讨厌它，它都如影随形。高三的生活，亦复如是。用一年的时间和努力，与挫败感抗争。

我们成年人已经忘记了高考大战前的那种痛感。没有特别幸福的时光，说实在的，“幸福”这个词语与高三不沾边。也有人会美化高三的生活如何难忘，如何深远地影响人的一生。各种磨炼，各种捶打，身心受虐的一年，是他们眼中的“人生巅峰”。我，高考中走出来的人，无数个不分昼夜的日子轮回到了尽头，结束高中生涯的那一天，我才感觉我活过来了。感受到自由的呼吸，看到了多彩的世界，大脑能够正常地天马行空，人可以得到身心的放松。

在陪伴孩子经历高三的搓磨同时，我允许我的孩子对考试心怀不满。不以成败论英雄，更何况一次考试——我一次次地告诫自己，保持清醒，不能沦为考试制度的“刽子手”。我允许我的孩子讨厌考试，我接纳他在考试这件事情上不优秀，我更要帮助他解开考试的枷锁，想方设法地让他透口气，引导他关注内心的成长和积蓄内心的能量。

其实很难！经历过高考的我们，现在作为家长陪伴孩子经历高三全过程，还是不一样的。

首先，我们带着对失败的担忧与焦虑，又怕我们的情绪会影响到孩子，所以我们必须学会伪装。孩子难道真的看不出来吗？他们很敏感，他们也很聪明。所以，既然要演戏，不如换个剧本。换个想法，也许就会有不同的感受和表现。大浪淘沙，高三的孩子在知识的海洋里畅游，在题海中演练技能。我不敢说，是不是所有的孩子都学会了游泳而且游得很好，是不是有孩子会因为学不会而被淘汰。我能确定的是，我的儿子并没有被训练成游泳健将，而且泳姿也不太专业，但他依然能够上岸。有的孩子成功上岸，进入理想的高等学府；有的孩子慢了一些，好歹也有个去处。自然还有一些孩子浮浮沉沉，顺流而下，也许他们会被冲到新的岸边，成功上岸。

其次，高考的魔力不仅仅体现在孩子身上，还有家长。我们经常说，高三是一个孩子体力智力耐力全盘输出的过程，对于家长何尝不是如此。家长的执着与全力以赴，叹为观止。高三的孩子睡眠少，家长更少。孩子关注成绩，家长也免不了被裹挟其中。孩子挫败可以躺平一下，舒缓一下，家长却要在孩子躺平的时候想着如何扶起，如何给孩子助力。也许有的方式不恰当，有的表达很无效，但一定是家长能想到的最好的办法。因此，高三的家长也是马达全开的状态。即便如此，我还是一遍遍提醒自己，不要越界，不要混淆角色。家庭教育与学校教育是孩子成长的两个重要领域，教师和家长需要互相配合和支持，家长不能在家庭中执行教师的职责。

最后，高三的节奏很紧张，但人的意志力是有限的，并不能源源不断地输出。孩子只有在累了和烦了的时候，才会想到休闲，松弛一下。但张弛有度，进退有序。家长需要引导孩子规律作息，在有限的时间里更好地安排休闲与放松。回想初中开始，每天在儿子学习一段时间后，都有半个小时与儿子打羽毛球的活动。一边打球，一边聊天，最是放松。高中学习更紧张了，打羽毛球变成了飞飞镖，更能释压。临睡前，泡泡脚，喝点热牛奶，看点书，读一些文字，都是把节奏缓和下来的好方法。周末，很多孩子不是在补习，就是在补习的路上，真的很辛苦。我想的却是周末就要有周末的样子。苏州河边散散步，骑行公园骑骑车，孩子也许会少刷了很多题，但恢复了气力，这才是我更看重的。

学子们寒窗苦读的巅峰是高三。我的高三是怎样过的，我不记得了。但儿子的高三开始了，我与儿子既然无法做到采菊东篱下般远离世俗，那就好好体验这高三，也许会有不一样的收获也未可知。

第 24 章　斩将五：春考

【纪实日志】

春考结束，伴随着成绩单的递送，紧接着就是抉择英语学科是放手还是继续。艰难的选择，是因为考分不低，但也没有到达放手的安全港内。徘徊在门口，一只脚踏进去了，一只脚却还在门边游荡——纠结，难受，不甘，无奈。

先来说说春考，今年的春考又一次令人大跌眼镜。去年因为题目简单，高分如云。儿子学校据说有将近一半的孩子都选择了英语免修。因为去年高分太多，导致今年严格控分，特别是高分段，据说有 5 分的差距。原想着能考 135 分的，儿子考了 132 分；儿子班级里平时英语不错的孩子，分数也和预期有差距。现实真的很残酷，有些学生原本有着免修计划，就这样被搁浅了。想想有时运气就是这样，谁也说不清楚。家长希望孩子没有不足之处，样样精通，门门优秀。其实这样的孩子真的是凤毛麟角。大多数学生在学科上都有长短脚，在某一学科上，也有擅长和不擅长的领域。春考的重点，控分的题型正好落在孩子的短板上，那也只能认了，继续负重前行。

春考一结束，秋考就在眼前。孩子们还要继续高三的苦日子，节奏并不会因为春考结束而有所放缓。常言道："不怕学霸努力，就怕学霸放假。"这句话很有道理！学霸在寒假里是加速度的状态，儿子要想弯道超车的难度很大，能不掉队就已经是很好的状态了。

记得一次寒假线上答疑课，上课时间已经到了，儿子早早地就在书桌前等着上课，一切都准备好了。可是，有几个孩子迟迟没有上线，还有几个孩子是在用手机上线听课。为什么呢?我还以为是寒假里孩子状态松散的缘故，事实恰恰相反。那几个还没上线的孩子是因为在补习班补习，刚刚结束，正在赶路回家。那几个拿着手机上线的孩子是因为接下来有补习班的课，所以也在路上。总之，不是补习刚结束，就是在去补习班的路上。

与之不同的是，儿子因身体不适，这个学期的学习节奏和学习强度都有所下降。也就是说，别人在跑，拼命地跑，甚至想尽办法提高技能地奔跑，而我们却在降速，差距越来越大。我看着心里着急，却不能说什么。两眼一闭，心一横，不管别人，只期待自己的孩子能够顺顺利利地走完高三的最后 100 天。

曾经非 985 不考虑的我们降低了期许，把视线放在了 211

院校上。虽然心有不甘，但是人生由天不由己，命中注定的角色与境遇，只能咬着牙把它走完。有时候，心中也会喟叹，为什么呢？凭什么呢？怎么人家就那么顺利呢？同样是努力要强的娃儿，我们究竟缺了什么呢？人比人真的会气死人，不去比较，生活在自己的壳里，还能暂时感受到一丝丝生命力的能量流动。

从过来人的角度看，我们都会发现，高考对于人的一生而言真的没有想象得那么重要。曾经的学霸混得不如学渣，比比皆是。酸葡萄心理也就这样了。作为家长，陪着孩子一分一秒地度过每个难熬的夜晚，每天感同身受地体会着孩子的压力与疲惫，每次考试的挫败，还能怎样？还能奢求什么呢？如果孩子不努力，不想上进，也许家长还有埋怨的理由。可是，面对一个只是运气比较差的努力娃儿，我也只能祈祷，只能在心中呐喊。

如果有一天，你发现只剩下向老天爷祈求的时候，那么也许“摆烂”是一种出路。当然这种“摆烂”不是行动意义上的，而是心态层面的。不去想结果，不去管收获，只管自己当下的事情，做好自己能做的。

【反思支招】学会表达爱，做智慧父母。

日本小说家伊坂幸太郎说：“一想到为人父母居然不用经

过考试，就觉得真的是太可怕了。”父母都是爱孩子的，可怕的是有的爱会伤害孩子。中国父母尤其内敛，爱得深沉。爱是需要表达的，孩子需要在父母的表达中感受到爱，这样孩子心中“爱的储蓄罐”才能越来越满，孩子在付出爱的时候才能游刃有余。

盖瑞·查普曼博士有一本书《爱的五种语言》，提到“肯定的言词”“精心的时刻”“接受礼物”“服务的行动”以及“身体的接触”这五种爱的表达。放在亲子关系中，我们父母同样需要学习和尝试。

1．温暖而肯定的话语。爱的话语包含接纳孩子的情绪、感受与想法，能够与孩子共情的话语才会让孩子感受到爱和温暖。当孩子感受到爱的时候，他才会明白什么是爱，才会拥有爱的能力。“甜言与我三冬暖，恶语伤人六月寒”，父母要反思，我们说出来的话是给孩子更积极的力量还是犹如一把刀。

2．爱需要仪式感。孩子生日的时候，父母给孩子煮一碗长寿面，买一个生日蛋糕，或是送上一份精心准备的小礼物。过年过节的时候，给孩子一份祝福。孩子遇到困难的时候，父母陪在孩子身边，支持并鼓励孩子勇敢地往前走。心理学家鲁夫·德雷克斯说：“孩子需要鼓励，就像植物需要水。”仪式感让爱有迹可循，同样也教会了孩子如何表达爱。

3．服务中表达爱。父母要学会退出自己熟悉的表达方式，用孩子需要的方式和途径来表达。只有当孩子感受到爱和温暖，他才会有足够的安全感和幸福感，才能更有内驱力和行动力。心理学上有一个著名的“视崖”实验，实验结果发现妈妈的微笑是有能量的，足以帮助孩子克服恐惧。父母服务孩子、照顾孩子饮食起居的过程中，微笑的面孔，专注的表情，可以拉近彼此的距离，可以治愈孩子内心的焦虑和恐惧。

4．爱的拥抱。肢体接触是爱的表达方式之一。孩子小的时候亲吻孩子的脸颊，抚摸孩子的头顶与后背，孩子长大了给孩子一个爱的拥抱。美国卡耐基梅隆大学研究人员发现，身体接触的安慰效果比单纯的言语安慰效果更好。孩子难过的时候，孩子受挫的时候，孩子感到无力的时候，拥抱比语言效果更好。

很多家长说，在孩子表现良好的时候，这些爱的表达自己是可以做到的。但问题是，孩子的表现不尽如人意的时候，甚至是令父母失望、愤怒的时候，又如何做智慧的父母呢？

1．学习知识，明确目标。我们都是第一次为人父母，进入一个全新的领域，伴随着孩子的成长，父母也会有新的领悟。家庭教育，育人育己，其目标不是培养“最优秀”的孩子，而是培养“最好的自己”。所以，学习做智慧家长，既是满足孩子成长的需要，也是家长完善自我的过程。

2．觉察情绪，调整认知。情绪是有影响力的，消极情绪更是有破坏力的。父母的坏情绪会给孩子带来压力，影响孩子情绪的同时，也会导致亲子关系恶化。处于青春期的孩子情绪感受力很强，他能解读父母的表情和语音语调，而不再是完全信服于父母所说。当父母的情绪失控时，不要让孩子成为父母情绪宣泄的对象，不仅不利于解决问题，还会制造更多问题。

3. 平和淡定，有道可循。父母要学会按下暂停键和离开现场，用平和的语气告诉孩子，“妈妈现在需要离开一下，等我们心平气和了再来讨论这个话题”。深呼吸能够让人平静下来，面对压力可以尝试多做几次深呼吸，掌握快速调控情绪的技巧。也可以多运动，运动可以帮助我们产生内啡肽，增强愉悦感。更重要的是，父母需要发现自己的价值感和成就感，而不是把自己所需转嫁到孩子身上。内心足够安全和强大，才能平和淡定地面对挑战。

4. 如有需要，及时求助。父母可以向有经验的长辈求助，可以向朋友以及其他家长讨教，也可以向专业机构咨询。无论哪种，父母都需要拥有社会支持系统，有效利用社会资源，更好地成就自己。

第 25 章　杂记：全都来了

题记："一模来了，儿子却病了；终于出院了，我们又网课了！"

屋漏、夜雨，已是凄惨，却不知，还有更大的风暴在后面。从 11 月中旬开始，儿子动了囊肿手术，迟迟不好。刚有点起色，想着终于熬过来了，终于可以正常去学校跟上教学进度。谁知一个平常得不能再平常的周日上午，儿子上了个厕所，一瞬间，厄运来袭。

儿子因为大便不出，打了"120"救护车送到医院的抢救室。儿子说，这是他人生第一次进抢救室，我何尝不是。我陪在儿子身边两个小时，等待抢救。儿子痛得死去活来，完全失去了平时的好脾气与温文尔雅的品性，砸床，咒骂，来回翻滚。我一边护着盐水，怕被扯掉，一边护着儿子，怕他从那窄窄的病床上掉下来，还要听着一屋子的“哎哟”和哭闹声。顿时，生平第一次感受到了真正的无力感是怎样的。儿子就这样生生痛了两个多小时，几度近乎昏厥。打了止痛针，也丝毫不起作用。终于，医生来了，给了一个急救方法——抠大便。500元请了一名有经验的护工，帮儿子通肠子，抠大便。十几分钟，儿子的疼痛就缓解了过来，却生生硬熬了两个多小时。通好肠子了，又开始挂盐水，儿子恢复了正常，能够有说有笑了。老母亲悬着的心也终于放了下来。

殊不知，大难在后头。吊着盐水，儿子一趟趟地跑厕所。前面还好，后面不对了，开始便血，大摊大摊地便血，儿子看了很害怕。一开始，以为是护工抠破了肛门，肛门便血。可是回到家后，儿子开始腹痛，便血不止。第二天，再到医院，医生一问，二话不说，住院。我和老公被打了个措手不及，原本以为只是大便不畅这么简单的问题，怎么就要住院了呢？

周一入院，幸运的是有床位。周二开始各项检查，16管血，每天6～7瓶的盐水，肠胃镜，加强CT，各种全身检测。直到周四，才陆陆续续地开始上药，但依然没有结论。一开始担心是克罗恩病，后来担心肠肿瘤，最后被确诊为肠水肿和肠溃疡。反正，这肠子是病得不轻。儿子很委屈，也愤愤不平。为什么呢？我们吃东西已经算是很注意的了，垃圾食品很少吃，辣条这些我们从来不沾。造化怎么如何弄人？

为了能按时参加一模考试，儿子已经无所谓成绩排名。因为一模在综评中占据很大的比重，即使住在医院，手上吊着盐水，我们也没有完全中断学习。为了有一个安静的学习环境，我们从公费病房转到自费的特需病房，终于赶在一模考前顺利出院了。也算是不小的磨难，接下来三个月的时间调理用药，我们也全然接受了。只好熬着，努力着，希望厄运赶紧过去，希望云开雾散，给我们一些阳光。

周三一模考，周二晚上儿子高烧，反反复复，40度。一模，我们望而兴叹，只能说上天如此戏弄究竟为哪般呀！

在居家的日子里，已无暇顾及其他，只盼着身体快点好起来。对于我们来说，最大的期盼莫过于正常——正常的学习状态，正常的生活状态。此时此刻，我们很怀念那一个个普普通通的周末，怀念那紧张忙碌的早晨，怀念儿子每天放学回来唠叨着学业上的压力。现在发现那一切是如此美好和踏实。

学校又开始上网课，儿子也算是进入正常的学习节奏了，只是缺少了紧张感。懒懒散散，没有高考前的竞技状态，我很是担忧。但转念一想，我不能焦虑，不能重蹈覆辙。

有一次与儿子谈心，他说起从进入高三开始，就感受到了妈妈给的压力。虽然妈妈总是说不看重成绩，只看重他学习的状态，但每每听到妈妈说“最近状态不对，一直没有进入高三的状态”诸如此类，儿子就会倍感压力和紧张。说实话，我知道自己的焦虑和担忧，总是希望看到儿子最佳的状态。但自从进入高三，总感觉力不从心。制定的计划没办法完成，每天疲惫地忙着写作业，周末原想着说要给孩子休闲的时光，基本上都是紧张忙碌地赶计划却还是完成不了。集错题一堆，要刷的题一堆，要背的单词和语文诗篇也是一堆。儿子打算忙完了学校的作业，还要忙自己安排的内容。但结果事与愿违，自己计划的这一部分总是来不及，完成不了。计划总是执行个七七八八，心里也就忐忑不安。儿子说，自己在学校已经非常抓紧地写作业了，可还是没时间完成自己的计划内容，他也很郁闷，感觉压力很大。听儿一席话，我又陷入了沉思。

是的，我对高三的焦虑，对高考的恐惧，严重影响到了儿子。我不知道，是不是自己高三时候的焦虑情绪影响到今天的我，或者是自己对未来的担忧投射在了儿子身上。总想着自己放弃十年，全身心地陪伴儿子，希望能够得偿所愿，希望儿子能够考上理想的大学，自然就会担心和害怕高考的失败，孩子的落榜。我自己的消极思维影响了我的情绪，我的情绪又影响了孩子，孩子感受到压力和焦虑，用身体疾病的方式来表达。错了，从一开始就错了。我的担忧和焦虑无法帮助孩子获得一个确定的所谓花团锦簇的未来，美好的未来只会因当下的积极努力而实现。就像儿子说的，这段时间，妈妈的鼓励少了，多了责备和要求；妈妈的温暖少了，更多的是压力和紧张。我意识到了一丝丝信号，但终究没有抵制得住焦虑情绪的蔓延和投射。

如今，回想过去的三个月，看看结果，无需辩解什么。所幸还有五个月，我还有机会来调整自己，还有机会正向积极地陪伴儿子。错过了就是错过了，追不回来；失去了也只能失去了，希望亡羊补牢。

也许，我是该抽身而退，因为过度地参与孩子的学习，我影响了孩子的学习状态和情绪。远远望之，也许才能保持客观和冷静。只因身在其中，我也失去了方向和分寸。道理自然是明白的，却总是不自觉地走近，再走近。总是想着帮儿子，想着我能做什么，想着换作是我，我会怎么做。将自己代入儿子的学习，这种换位思考也许并不可取。旁观者清，作为妈妈，我应该关心和关注的是孩子的健康，孩子的情绪，无关乎孩子在做什么，怎么做。

越界的代价，就是把自己放在孩子的世界中与之纠缠。学习是儿子的事情，陪伴是我的事情。陪伴不等于参与，更不能主管。陪伴儿子成长，是因儿子开心而开心，因儿子难过而心疼难过，最不应该在他的事情中指手画脚，甚至要求他按照自己的思路来走。过来人的悲哀，就是有经验。无论是成功的经验，还是失败的教训，都不应越俎代庖。爸爸妈妈的路，只能是一种参考，仅此而已。无论孩子的选择是与父母相同，还是背道而驰，陪伴都意味着支持和鼓励。有的时候，我甚至会想，我为什么有那么多的想法和意见？静思之后，我明白，我害怕失败。我不允许儿子失败，不能接纳孩子的不如意，更有甚者，我自己本身就不能接受失败，无法忍受付出无所获，无法接纳天不遂人愿。是这样，我自己焦虑，也对儿子焦虑。

人人都喜欢成功，都不愿意失败。然而，事实恰恰是诸多失败，偶尔成功。人生的过程，其实就是在有失败的体验，挫败的体验之后，仍然选择坚持，选择努力，选择豁达和坦然接受。想来，人生一路，失败才是“知己”，成功只是路程中的锦上添花，不可强求。

过犹不及，我失了分寸，孩子失了平衡。愿我能醒来，换一双温柔的慧眼，追随儿子奔波的身影。儿乐我乐，儿悲我也悲。感恩的是，即便我错了，儿子却在坚持正确的方向，还在不懈努力中证明自己。

好运、厄运，全都来吧！孩子不孤单，爸爸妈妈陪着你，相信你总有爬起来的那一天。

第 26 章　斩将六：高考前夜

【纪实日志】

众所周知，高三这年，何其艰辛。我经历过高三，自然明白那种对人身心的锤炼，其实我更想用的词语是“摧残”。作为一名妈妈，我当下是一个高三学生的家长，经历着不同的体验。这中间，有被裹挟的无奈，有自我否定的无力，还有对孩子未来的殷殷期待。矛盾着，焦灼着，知其然知其所以然却不知如何是好。理论上说，只需要陪伴和支持，我想说实践出真知，陪伴中与孩子一起沉浮，支持中首先自我激励。然而，最难的不是懂得和明白，而是自己这一关。

其实，从九月份开学至今，孩子感受到的高三就是累！不停地写作业，不停地考试，这都在其次。最累的是心累，付出无所得，还不得不坚持付出。假如这是一个爱情故事，故事中男孩喜欢女孩，用各种付出表达自己的爱。女孩并没有那么喜欢男孩，但她偶尔会因为感动有所表达，男孩就会高兴得手舞足蹈。女孩就好比考试与成绩，它只会眷顾那些它喜欢和欣赏的人，但所有的孩子都是那个男孩子，拼命地付出，拼命地努力，但总是收获失望和自我否定。最后，在一次次的考试之后，在一个个不那么理想的成绩面前，就如同男孩站在心爱的女孩子面前一般，他抬不起头来，总是胆怯，渐渐失去自信，慢慢形成自我否定的观念——“我不好”“我不行”“我不是那块料”。

“我不好”，孩子会缺失价值感；“我不行”，孩子越来越自卑；“我不是那块料”，找不到自己发光发热的领域，孩子就会被“人才大军”淹没。马斯洛说，人的需求是有层次的。解决了温饱，人就会追求被尊重，被接纳，以及自我实现。学业上挫败的孩子会去哪里寻找答案？在哪个地方会让孩子自我感觉良好呢？是的，游戏世界，虚拟空间。我们家长对孩子玩游戏都会深恶痛绝，其实游戏世界是懂孩子心理的。孩子在那个虚拟的空间有掌控感，不怕失败。因为失败了不会被责难，甚至还有重来的机会，但高考不能，孩子也不愿。孩子在游戏世界里收获也很多，不仅仅是愉悦感，还有价值感和成就感，以及被尊重、被鼓励的存在感。如果学习让孩子也能这样付出有所得，他怎么会对学习那么排斥。

有人说，要培养孩子的学习兴趣。不可否认，兴趣是最好的驱动力。但这兴趣有两种，一种是喜欢，一种是有用。真心喜欢一样东西或一件事情，那种兴趣是内驱力，再大的困难孩子都能有意愿和毅力去克服。但有用的东西，甚至是可能有用，也可能知道是对别人有用，对自己无用甚至是自己用不上的东西，这种功利主义的兴趣是外在的驱动力。这种驱动力建立在获得上，有付出有收获，孩子会觉得值得，继而持续努力。只有付出没有收获，或者是收获甚微，孩子会失去兴趣也失去希望。

我想起新东方的创始人之一俞敏洪老师的故事。他说自己在北大是笨的学生，北大平均智商 130，而他是普通中的普通。所以，他的策略就是努力，他几乎是用生命的代价在努力，结果却依然是吊车尾。旁边的同学不用像他那么努力，就可以优哉游哉地享受大学生活。他付出在医院休学一年的代价，想明白一件事：自己不是那块料。他开始反思和寻找，自己究竟是哪个领域的“那块料”。我想，俞敏洪老师是有代表性的，他身上有一批“学民”孩子的特质。他们都有梦想，有坚持，很努力，却很失败。这批“学民”中，幸运如俞敏洪老师，找到了属于自己的天地，重新出发。但那毕竟是少数，更多的孩子是处于被边缘化的生活里。我不想自己的孩子总是做“分母”，不想他渐渐笃定了自己不是那块料，更不想他因高考对自己“盖棺定论”。

于是，高考前夜，我与儿子就高考这件事情聊了聊天，我告诉孩子，既然身在其中，那就体验过程吧，哪怕是多了一个以后朋友间的谈资也好。至于那个结果或成绩，不强求。我还告诉孩子，你的人生并不只有一个奔跑的方向，只是因为你还未成年，必须在这里积蓄力量。没有人说这个方向就是唯一的，找到自己真正喜欢与适合的才是王道。考上大学与考不上大学都不能说明成功与否，每个人都可以成功，只要孩子不放弃自己，不放弃追求。最后，如果说高考是江湖，那么我希望孩子“笑傲江湖”。不因世俗的评价标准失去自我，也不因他人的优秀而自惭形秽。

每一个高三孩子的家长都有“望子成龙，望女成凤”的心愿，但每一位家长也都明白高考是大浪淘沙，自家孩子未必就能“上岸”。父母都会很挣扎，心如明镜又装糊涂，心怀希望又忐忑不安。高三这一年的陪伴，不只是陪在孩子身边那么简单，首要的是要把自己的心灵洗涤干净，思绪厘清，再来陪在孩子的身边。孩子疑惑不解时，看看你；孩子困苦不堪时，靠靠你；孩子无能为力时，想想你；最后，你笑一笑，对孩子说：“没关系，你往前走就好了！”前方也许是大学之门，也许是社会之门，终归是要走进自己的人生之门。

【反思支招】高考前，家长如何陪伴孩子？

有的孩子学习努力，成绩稳定，小考发挥得都很好，就是大考会失常。也有的孩子被称为“黑马”，平时一般，却总是会在大考中一鸣惊人。俗话说“临阵磨枪，不快也光”，其实，这“临阵磨枪”也是有讲究的，考前的状态很重要。

1．帮助孩子调整心理状态。大考前，往往是孩子心理压力达到峰值的时候，这时候孩子会有很重的思想负担，如过高的期望、升学的担忧、学习任务重或者是学习计划与安排没有顺利实现等。越是这样的时刻，家长越要帮孩子舒缓压力，让孩子感觉到自己每天的进步。可以适当安排散步、聊天等活动放松心情，也可以让孩子带着适度的压力坚持奔跑。

2．保持恰当的学习节奏。有些孩子认为，考前复习不会有多大收获，所以考前习惯彻底放手。其实，考前保持一定的学习节奏和稳定的学习状态还是很重要的。这个时间点，不能以单纯做题替代复习。学习的重点要放在查漏补缺、总结经验、知识点梳理和整体回顾上。脑海中形成比较清晰的知识结构图，有助于考试时知识的提取和思路的打开。也可将重点放在弱势学科上，提高成绩可能更容易。整体节奏的安排要依据孩子的实际情况而定，切勿急功近利，影响发挥。

3．保持稳定的生活环境。考前这段时间饮食注意合理搭配，不要刻意增加营养甚至进补，更要注意饮食的卫生安全。此外，对于市场上各种标榜提神醒脑的产品，家长选择时更要慎重。提醒孩子进行适量的体育锻炼，以保持更好的状态。同时，注意调整孩子的生物钟，最好能将作息时间与考试时间吻合，争取把孩子的生理兴奋点调到相应的时间段。

4．家长的心态要稳如泰山。考前，特别是大考如中高考，家长不紧张是不可能的，但家长调整好自己，以积极的状态陪伴孩子，则对孩子大有裨益。如临大敌、如履薄冰，这样的状态会让孩子更加紧张焦虑。家长务必要放松心情，可以与孩子一起运动，看看书、养养花草或听听歌来转移注意力。家长心态稳，孩子才能稳下心神。

就拿高考来说，临近考试两三天，家长可以这样陪伴孩子。

1. 不要废寝忘食。越是临近高考，家长和孩子都会紧张，吃也吃不好，睡也睡不着，总希望能多学一点，感觉也许就能侥幸复习到考题。其实考试强度很大，既费脑力，又耗体力。良好而充沛的体力是积极考试状态的保证，一定要吃得均衡，睡得充足，不能“废寝忘食”。

2. 不要临时增加营养。饮食方面也不要差异太大，一方面容易给孩子造成心理压力，另一方面也可能给孩子带来身体不适。各类“醒脑”“强心”“维持注意力”的营养品或药品更不要随意添加，类似咖啡等饮品，平常不喝，考前也没必要增加，总之维持正常即可。

3. 让孩子提前做好准备。包括提前确认好需要带的证件、文具，确认好考试时间和地点以及出行路线等，不要当天再临时收拾东西、确认信息，这样很容易因为一些小问题而影响考试心态。当然，家长尽量不要代替孩子准备，要让孩子自己知道东西在哪里。

4. 考场小贴士。可以提前半小时到达考场，去熟悉考场的环境、确认洗手间位置等；考前也没必要带着厚厚的资料到考场，不放心的话，随身带些记录公式或单词资料即可，考试时也不需要与别人比速度，按照自己的进度就好，不要被别人打乱节奏。考试过后也不要跟同学对答案，适当放松，准备下一个考试科目。

5．家长的支持。作为家长，总希望高考期间能给孩子做些什么，其实同样一如平常即可。我们情绪稳定，充满信心，有助于孩子情绪稳定。鼓励孩子尽力就好，不要把“给爸妈争口气”“辛苦这么多年就看这一下”等话语挂在嘴边，说到底高考也仅仅是一场考试。家庭氛围对了，孩子自然信心十足。

第 27 章　高考结束那些事

要说高考结束的那些事，先要把高考三天的事情说一说。第一天，语文、数学，可以说是高考的决定性战役，必须以最好的状态来迎接。然而，恰恰是因为第一天，第一场考试，考生易紧张，还在适应过程中，那么这两场考试考的不仅仅是学科的学习情况，还有心态。第二天考英语，对于春考已完成英语任务的孩子来说，这一天高考已经结束了。有的孩子会选择放弃，直接开启高考后的生活模式。但也会有孩子想要碰一碰运气，万一呢？第三天，英语口语测试，这是高考最后一天，输赢基本已定，孩子们基本上都不太紧张了，只要完成这门考试即可，一般情况下不会出现什么纰漏。这样看来，高考这三天看似是最紧张的三天，其实与学校的模考比较而言却轻松多了。

高考结束后第一件事："摆烂"& 规划

高考结束，孩子的梦想就是"摆烂"——刷手机刷到手抽筋，玩游戏玩到头发晕，与同学出游，与朋友小聚，与异性谈场很可能是短暂的恋爱，全身心地放松下来。其实，这些都是表面现象。真实的情况是，孩子可以放松地享受没有学业压力的日子，同时，还要承受等待结果的煎熬。家长们不仅要鼓励孩子好好休息好好玩耍，还要给孩子找点事做。很多声音会告诉家长，要让孩子在这个暑假开始学会打理自己的生活，同时承担家务。话虽不错，但要找准时机。孩子刚刚从高考的战场上下来，他需要的是休整和重启。整理已经结束的，如以往的学习资料，该扔的扔，该留纪念的留存，该送人的送人，还自己一个干净整洁的环境。重启是说对接下来这三个月时间的规划以及对未来大学生活的思考与准备。有的孩子会选择在这个暑假去学车，拿驾驶证；有的孩子会选择出游，出去走走看看；也有的孩子会选择去打工，为接下来的大学生活赚取生活费。无论怎样，让孩子能够拥有规律的生活作息，选择做一些有意义的事情，能够暂时转移对高考结果的关注，缓解焦虑。一位朋友的做法很值得借鉴，他把儿子送去了戈壁滩，徒步旅行。一方面是朋友儿子对徒步很感兴趣，想体验一下；另一方面，朋友希望能够让孩子在团队中成长，学习更多的东西。半个月的辛苦，换来的是孩子对困难认知上的升华，是孩子挑战自我的自信笑容，还有孩子对未来充满希望的笃定眼神。“我行，我可以”这样的信念看似简单，其实要在孩子的心底撒下信念的种子却并不容易。

高考结束后第二件事：查分 + 填志愿

高考后有两次查分的体验：一次是等级考查分，一次是高考总分查分。等级考查分可以说是高考查分的“前菜”，孩子初体验查分的过程与心情，结果往往还好，不会有太大的失望。因为等级考以等第区分，两个等第之间也就 3 分差距，除去特别拔尖的孩子，大多数孩子的等第都差不多，对高考总分的影响不是最大。第二次查分查的就是高考总分，这里面最重要的当然是主三门——语数英。儿子查分去了，我在心底默默祈祷，希望一切正常。接下来看到儿子面无表情又略带失望地走了过来，“还行吧！”按照我对儿子的了解，这是没砸锅，但也没达成理想目标。与估分有 5 分的差距，这应该是一个可以接受的范围。自此之后，所有的过程都很平静。

填报志愿在上海还是比较容易的，严格按照学校的安排，跟着时间表就可以了。我的感觉是分数是王道，足够高的分数在填报志愿的时候没什么好纠结的。难就难在分数不上不下，就只能冲一冲，稳一稳，保一保了。冲一冲的志愿一般来说是靠运气，基本不需要太关注。保一保的志愿也基本心里安定，因为无论如何这是托底的志愿。真正担心和焦虑的恰恰是稳一稳的志愿，因为往往这里是期待能够实现的愿望，也可以说是内心害怕落选的志愿。儿子想冲一冲上海交通大学，我们幸运地过了交大综评面试的入围线，但不幸的是我们很可能是“分母”。那就意味着，我们很难选到心仪的专业。是选择学校呢？还是选择专业呢？这就是各家各娃的理解和选择了。最终，我儿子决定以专业为重，因为他从小就有自己的方向。

最终，我们填报了北京航空航天大学。一方面是孩子的兴趣，另一方面是考虑学校的整体水平。我们放弃上海的985，主要是秉持着专业第一的原则。回想自己若干年前，不懂什么专业，只是知道某些大学。无论什么专业，只要考上某大学即可。然后，我就经历了四年痛苦的学习过程，因为没有兴趣，也不擅长，完全体验不到成就感和价值感。初高中那种站在山顶"一览众山小"的体验从此一去不复返。我痛苦了四年，挣扎了四年，最终还是因为找不到方向而最终选择继续考研。我算是考试型人才，因为足够努力，考上了研究生。现在想想，虽然无悔于考研这件事，但如果可以重来，我会换个专业，换个方向，甚至换个领域。三年研究生的日子，比起本科要舒心了不少，但也确确实实缺少兴奋感。除了按部就班地完成各项学习任务和达标要求，只为顺利毕业，拿到文凭。毕业后工作，我才发现不喜欢就是不喜欢。我只能照本宣科地讲课，完全找不到传授知识的乐趣，何来授课的激情？我虽然努力钻研和尝试各种授课技巧，也获得了一些奖项和名次，但依然感受不到幸福和快乐。直到我在工作上转岗转行，进入新的领域中重新开始学习，考试，拿文凭，才知道什么是职业的幸福感。带着自己曾经的感悟，我给儿子的建议——选择自己喜欢的，自己擅长的和自己想做的。

高考结束后第三件事：录取#学习

高考录取是一个漫长的过程，从6月9日高考结束到通知书拿到手需要将近两个月的时间。高考录取是分批的，最早在7月初就有孩子开始在朋友圈晒录取通知书了。6月，等分数等得焦头烂额；7月，看别人晒录取通知书看得血压飙升。亲朋好友开始询问，考多少分？报了哪个学校？录取通知书拿到了吗？看着别人家的孩子兴奋，再看看自己家的孩子沮丧，人家的孩子开启了丰富多彩的假期生活，自己的孩子每天仍在等待中焦虑和彷徨。这时候，突然会感觉，还是一批录取直接出结果比较人性化。用儿子的话来说，一批批录取结束，自己就只能捡剩的了。

熬到普通批出结果，还要担心专业问题。儿子报考的是大类招生，即大一之后才会分专业，同样要拼成绩来选择好的专业，所以大一俗称“高四”。为了能够分到比较理想的专业，这个暑假最后一个月就是要学习，学习英语，准备分班考，学习专业知识，备战一年以后的分专业。永无止境地卷，从何而来？从漠视真实的自己开始，被裹挟在潮流中负重前行，孩子们渐渐地放弃了自我，无心也无力倾听自己的内心。别人都在努力，谁强谁弱究竟看什么？进入热门专业是衡量强弱的标准吗？进入冷门专业的人就不能成才吗？衡量标准越来越单一，评价体系越来越功利化和世俗化，这对于培养人才是非常不利的。学校不是工厂，不是为了生产社会所需的某一类产品而存在。

学校培养的人才应该是多元的，立足于挖掘和发挥每一个个体的潜能，让其成长为能够满足社会多元需求人才体系中的一员。也许儿子不是科学家的苗子，却可能是未来的工程师呢？那为什么非要挤进科研的队伍呢？儿子也可以站在工程师的排头，在自己的领域中傲视群雄啊？

高考结束了，感觉就像是一瞬间的事情。高考前的各种期盼，瞬间变得不那么迫切了。早上睡到自然醒，可以随意刷手机、看电影、玩游戏，没有拘束却感觉不那么满足了。

【反思支招】对专业方向与升学路径的思考宜早不宜迟

2023 年高考刚刚结束，许多家庭开始思考填报志愿的问题，其实已经晚了。美国颁布的《国家职业发展指导方针》要求职业生涯规划教育要从 6 岁开始。而《中国青年报》社会调查中心的一项调查显示：有超六成受访者承认，自己在报考专业时是“盲目的”；超七成受访者表示，如果有可能，想重新选择一次专业。选择专业这件事真的是宜早不宜迟，那么专业选择应该参考哪些因素呢？

第一，个人的兴趣与理想。一个自己不喜欢的专业以及一份未来不想从事的工作，很难让孩子真正投入学习过程中，也很难在学习中获得收获、成长以及成就感。很多孩子毕业后从事着与自己所学专业完全不同的职业，大多也是由于在选择专业之前并未考虑成熟。

第二，个人所具备的核心能力。选择专业和职业，尤其是终身事业，仅有热爱远远不够，还需要具备过硬的核心能力。家长可以协助孩子在选择专业之前，问这样几个问题：这个专业涵盖的具体内容是什么？它所对应的行业是什么？这个专业要求从业者具备的最重要的核心能力是什么？这是否与自己的核心能力相符？这是否是自己所具备和擅长的？是否有锻炼与成长的空间？这些都代表着孩子个人和专业以及职业的匹配度。

第三，整体的个人发展规划。专业的选择，并不仅仅只是出于兴趣，或是某一种职业倾向，还意味着长久地以它为志业。这需要孩子认真思考和决断：这个专业所对应的职业，你是否打算未来长期从事？从事这个职业有可能面对哪些困难与问题，你是否愿意接受并克服？只有做好充分的思想准备，孩子才愿意为了这份理想而选择坚持。当然，父母在跟孩子沟通专业选择的过程中，应以建议与提醒为主，把决定权交还给孩子。

除了专业方向，还有学校和各种升学路径。现代社会为孩子们提供的升学路径，其实是非常多元的。国内高考升学有20多种正规路径，国外升学的方式和渠道更是多种多样。升学规划这件事情，如果事先没有做足功课，孩子们特别容易因为一时一事而做出感性的决定。怎么样调动理性思考系统，让孩子尽早确定自己的升学目标，设计适合自己的升学路径呢？

第一，定期讨论。提前关注孩子学业发展的规划问题，可以和孩子一起定期思考和讨论这个话题。

第二，发现孩子的特点。有意识地去了解孩子的各个方面，例如兴趣、能力、性格等，引导孩子去了解和发现自己，适合自己的才是最好的。

第三，收集升学信息。家长要多了解不同的学业路径和发展路径，搜集更多有助于学业规划的相关信息，毕竟政策还是会经常变化的。

第四，及时鼓励提醒。随着家长和孩子对升学路径这个讨论话题的深入，孩子会越来越明确自己的升学目标，家长可以时常用这个目标去鼓励孩子在学习过程中付出努力。

第五，及时调整。对于处在发展中的孩子，并非一旦确定规划就不能更改，我们可以结合孩子的成长阶段与状态，随时对规划进行调整。

埋头苦学出成绩固然重要，但引导孩子锁定目标、为自己的目标而奋斗，才能事半功倍。